阳光姐姐成长信箱

拥有好人缘的秘密

伍美珍 编著

陕西新华出版
未来出版社
·西安·

图书在版编目（CIP）数据

拥有好人缘的秘密 / 伍美珍编著. -- 西安 : 未来出版社, 2024. 7. -- (阳光姐姐成长信箱). -- ISBN 978-7-5417-7630-4

Ⅰ. C912.11-49

中国国家版本馆CIP数据核字第2024WX0746号

阳光姐姐成长信箱

拥有好人缘的秘密

YONGYOU HAO RENYUAN DE MIMI

伍美珍 编著

出品人：李桂珍　　选题策划：马　鑫
责任编辑：高　瑞　　美术编辑：许　歌
封面绘图：恒　兰　　封面设计：王星玥
内文制作：王星玥　　印制总监：宋宏伟
发行总监：何华岐　　宣传营销：贾文泓　陈　欣

出版发行：未来出版社　　社　址：西安市登高路 1388 号
电　话：029-89122930 89120516　　字　数：80 千字
印　刷：西安新华印务有限公司　　经　销：全国各地新华书店
开　本：880 mm×1230 mm 1/32　　印　张：5.75
版　次：2024 年 7 月第 1 版　　印　次：2024 年 7 月第 1 次印刷
书　号：ISBN 978-7-5417-7630-4　　定　价：29.80 元

人物介绍

阳光姐姐是一位喜欢小朋友、喜欢开玩笑，被好友昵称为“美美”的人；善于用键盘敲故事，用钢笔却写不出一个故事的奇怪的人；在大学课堂讲授一本正经的写作原理的人；在小学校园和孩子们笑谈轻松阅读和快乐写作的人；在杂志中充当“阳光姐姐”，为消解小朋友的烦恼出主意的人；每天电子信箱里都会堆满“小情书”，其内容大都是“阳光姐姐，我好喜欢你”这样情真意切表白的幸福的人；已出版 100 多本书的“超人”！

一个干瘦的小男生，是兔子的同桌。全校最聪明的男生。所有的搞怪语都是出自他之口。

一个爱阅读的学霸，和咪咪是好朋友。班花级美女，惜城同桌。

就是一个呆呆的胖子，像惜城说的：就是一个早熟的冬瓜。是咪咪的同桌。

聪明的小胖妞，是阿呆的同桌。当阿呆有难的时候，总是拔刀相助。

目录

苦恼来信

我长得胖乎乎的

阳光姐姐，你上次来我们学校举办讲座后，我就更喜欢你了。当然，你不认识我，因为我只是台下那么多同学中的一个，而且是很普通的一个。

我记得，你说你小时候是个胖乎乎、圆滚滚的小女生，阳光姐姐，你是不是觉得小胖子也挺可爱的呢？但是，作为一个小胖子，我可是受尽了嘲讽。

我是一个五年级女生，成绩中等，个子中等，但是肥胖程度可能要排在班里前几名了。

其实我觉得自己并没有胖到很夸张的程度，但是我们班里的女生大都是瘦瘦的，超级苗条，所以跟她们一比我就显得很胖了。

班里的同学还因此偷偷给我起了个外号，叫我“大胖子”。

这个外号真的很难听。原本开开心心的我，每次一听到这个外号，就像泄了气的皮球，很失落。

以貌取人是不对的，这么简单的道理，他们却不懂！

我也跟爸爸妈妈抱怨过，我问他们为什么自己那么瘦，却把我生得这么胖?

妈妈一听，笑了半天。她还说我这不叫胖，叫肉肉，是非常可爱的。

但那也只是他们俩觉得可爱，班里的那些人才不这样觉得呢。

爸爸也经常开玩笑似的说：“谁说你胖了，告诉爸爸，爸爸去帮你揍他一顿！”

我当然不能告诉他们我在学校的经历。因为我担心他真的会跑到我们班教室去揍那些人。

打人是不对的，更何况，就算报复了那些讨厌鬼，也解决不了我胖的问题。

我的心碎了

有一次下课，我习惯性地去教室前面的饮水机处灌一杯水。起身时，身后的桌子不知道为什么发出了好大的声响。

本来是很平常的事嘛，可是好巧不巧的，这响声被我后面的苏秦超听见了，他得意扬扬地靠着他的椅子背，嘴里发出奇怪的“啧啧”声，然后大声喊道：“大肥猪一起身，桌子响三响！哈哈哈！”

紧接着，班里就爆发了一阵哄笑声。

我的脸立刻红了起来，拿着杯子赶紧往前面走。

我不敢骂回去，也不好意思再多说一句什么。因为长得胖，我总是很难说出自己内心的想法。

我是一个爱交朋友的外向女孩，但是因为胖，我连交朋友都比大家困难很多！

每次大课间的时候，我们班的女生都喜欢一起去操场上玩。有时候跳皮筋，有时候跳绳，花样可多啦，非常吸引我。

我也忍不住跟着她们一起过去，就是想让她们同意我加入。

最先表达不满的是我们班的班花——冯素素。她虽然长得好看，但是一点儿也不大度。

她拦住我，把跳绳攥在手里，傲慢地拒绝道："我们不太想和胖子一起玩。"

我站在原地，不知道该怎么办才好。

这时，我又听到周围其他的女生在小声地议论着。

"才不想跟大肥猪一起玩呢，好丢人啊。"

"我们快换个地方玩吧，别让她跟上来了！"

那一刻，我的心都碎了。我伤心地回到教室，趴在桌子上哭了很久。

好朋友的背叛

因为胖，我唯一的好朋友甚至都背叛了我。

我的好朋友叫茜茜，她是四年级时转到我们班的插班生。她刚转来的时候，和班里的人不熟，所以没什么朋友，于是我就主动和她交了朋友。

在她背叛我之前，我们一直都是形影不离的一对好姐妹。

可是不知从什么时候开始，以前放学总是等我一起走的茜茜，开始找各种理由自己先走了。

一开始我虽然很疑惑，但还是很相信茜茜的。

直到上周，某一天放学，茜茜神情古怪地凑到我跟前，说：“嘟嘟，今天我大姑来我家里吃晚饭呢，妈妈让我放学早点儿回家，今天就不和你一起走了。”

她说完，还没等我回复就急匆匆地走掉了。

我终于察觉到事情的不对劲了，她的这个理由，在一个星期之前就用过了！

于是我飞速收拾好书包，急忙跟到茜茜身后。

而真相是残酷的。我看见茜茜跟冯素素，还有班里其他的几个女生，笑呵呵地走进了学校对面的那家奶茶店。

包括冯素素在内的几个女生，都是曾经嘲笑过我胖的人！

我很愤怒，我发誓要和茜茜绝交。我同时也很难过，因为失去了这个班里唯一的朋友。

长得胖是罪吗

还有一件事，是真正打击我的最大凶手。

有一天，老师在班里宣布说，学校要在各年级挑选一些英语口语还不错的人，参加市里的英语朗诵大赛。

我虽然成绩中等，但是最让我骄傲的就是我的英语口语，连英语老师都对我的口语赞不绝口呢。

我一听，急忙高高举起手，生怕老师看不见。同时举手的，还有英语课代表陈晨。

这时，周围又响起了很多乱七八糟的声音。我听见有人说，大肥猪如果上台比赛，印象分肯定是零分！

我举起的手颤抖了两下。

老师见此情况，便说："由于每个班只能出一个人，综合来考虑的话，还是课代表陈晨去吧。大家同意吗？"

班里同学异口同声地答道："同意！"

只有我，默默放下举起的手，目光呆滞。我在心里愤怒地呐喊："我不同意！"

我不知道综合考虑是考虑到了什么，大概是因为我胖胖的体形，站在台上不太好看吧。

从那以后，那个外向开朗的我就彻底消失了。

阳光姐姐，你说我该怎么办呢？难道长得胖真的有罪吗？

伤心的嘟嘟

惜呆兔咪

圆桌会议

抗议！抗议！肉肉的女生怎么就不好了，做微胖界的美人不可以吗？！

我平时也拿你们开玩笑，你们不会恨我吧？
惜城，我觉得你没有恶意的呀。而且我和咪咪也并不在意我们的体重……

哈哈哈，减肥是一些女孩子永恒的话题和目标。
等等，我还是在意的！我要减肥！

这样啊……不过这个嘟嘟比咪咪倒霉多了，她班上的人怎么都这样啊，朋友背叛她，老师的眼光也有问题。
就是，要是嘟嘟明明英语口语比课代表出色，却因为外形就淘汰了她，也太不公平了！
嗯，绝对是别人的错，不是嘟嘟的错！

阳光姐姐的回信

嘟嘟，你问我“长得胖真的有罪吗？”我的答案当然是——没有罪！

外形上的高矮胖瘦从来都不应该是罪过，把它无限放大，拿人的外形去侮辱别人才是错的。

如果你只是微微胖了点儿的话，有什么关系？我在看外国电影的时候经常感叹：片子里的女孩子们并不是清一色的高高瘦瘦，也有胖美人啊，而且那些胖美人身上洋溢出来的自信，让她们变得好迷人哦！

不过，如果你真的胖得多了一点儿……那还是要认真考虑减肥的哟，毕竟，过度肥胖会给身体器官带来一些负担，确实不利于健康呢。

你因为别人的嘲笑而难受，我想请你看看一位明星的故事。明星们作为公众人物，每天生活在别人的围观里，他们的一点点不完美，都可能被别人揪住不放。如果他们的内心也那么容易受伤害，估计天天都不好过啦。

有一位明星，早些年唱一首英文歌，把“Not at all”唱成了“闹太套”，被大家取笑了好久，说他英文那么差，还敢出来唱英文歌？结果，过了几年，他出演电影，居然在片中说着一口流利的英语！他说，既然大家说他英文差，他就从头好好学一遍。这可就让人佩服了。

你看，短处不一定会是让你感到羞愧的伤口，它可能反而变成你进步的契机呢！

要我说，真正的好朋友，是不可能因为你胖就觉得在你身边很丢人的。所以，不要为自己失去朋友而过度伤心，当有一天，你遇到了几个就算你胖成皮球也依然喜欢你的人，你就会知道：她们才是你的挚友呀。

而如果我当老师，要我选一个人去参加英语口语比赛，我一定选那个口语最棒的人，不管她外形是不是更出众。如果那个人是你，我还要好好鼓励你，让你自信满满地上台呢。

所以，这一切都不是你的错。

当然，生活中总有很多不公平，体重给你平添烦恼，那么，你可以下决心，好好减肥！管住嘴，迈开腿，让心中的悲伤统统化成动力吧！少吃高热量、易发胖的食物，更要对零食说不，然后去大把地挥洒汗水，让自己瘦下来，让每个瞧不起你的人知道：胖子都是潜力股！瘦成一道小闪电，给他们一个晴天霹雳吧！哈哈哈哈！

成长故事袋

有一个园丁，很爱在他的花园里种些花花草草。那些花草在他的细心照料下，都生长得非常蓬勃。

可是有一天早晨，园丁突然发现，花园里不太对劲，死气沉沉的。花也谢了，草也蔫了，树也枯了。

园丁很奇怪，昨天还好好的花园，今天怎么会变成这样了呢？

他走到橡树面前，只见原本枝叶招展的橡树缩着干巴巴的叶子，一副无精打采的模样。

园丁问道："橡树呀，你这是怎么啦？"

橡树看了园丁一眼，垂着脑袋叹了口气，说："我看隔壁松树，又高又挺拔，真羡慕。再看看我自己，粗粗短短的，不知道什么时候才能长得像它那么高呢。"

可是园丁一看，松树也是一副郁郁

寡欢的样子。

“松树啊，你又是怎么了？”园丁疑惑地问。

“我看见旁边的葡萄藤，能长成密密麻麻的一大片，还能结出鲜美的果实，真好。”松树回答。

园丁走近葡萄藤，却发现葡萄藤也很不开心。

“你又有什么羡慕别人的啊，葡萄藤？”园丁无奈地问。

“我厌倦了只能攀附在架子上生长，我真羡慕它们这些树，能直起自己的腰杆！”葡萄藤愤愤地说。

大家都在为自己不像其他植物那样而忧心忡忡，就连美丽的紫色牵牛花也很难过。

“我要是有紫丁香的香味就好了。”牵牛花摇了摇头。

当大家都陷在自我贬低的氛围里时，园丁却注意到，角落里的那片小草依然有着蓬勃的绿意。

园丁感到惊奇，他忍不住问：“小草，你好像很快乐？”

小草舒展着自己绿色的腰身，在微风的吹拂下开心地摇摇晃晃。

她欢快地说：“是这样的，主人。我知道大家都有各自不同的特点：橡树枝繁叶茂，松树挺拔高耸，葡萄果实鲜美，牵牛花花朵美丽。我虽然没有它们所拥有的，但是我也有自己特别的地方——我有非常顽强的生命力。我觉得这样的自己和它们比起来，一点儿也不差。”

小草的话点醒了花园里的其他植物，它们开始重新审视自己，也重新因自己的长处自信起来。

从那天起，这个花园就变得比以往更加富有生机。

不知道故事里的小草有没有给你一点儿启发呢？

要知道，羡慕别人是一种很常见的情绪。而我们，也经常会因为羡慕别人的长处，而陷入自卑的情绪里无法自拔。

但是，你是不是忘记了什么呢？你忘记了自己身上，也有着闪闪发光的地方呀。你不知道的是，也有人在偷偷羡慕着你所拥有的闪光点呢。

我们每个人生下来就是与众不同的，每个人都是这个世界上独一无二的那一个，不可复制。

人无完人，我们每个人都有短处。拿尺之所短去比寸之所长，原本就是一件笨事。

所以我们要发挥自己的长处，努力弥补自身的短处，这比迎合他人的目光更重要。

世界级文学大师卡夫卡的故事,或许能进一步告诉我们,正确看待自己有多重要。

卡夫卡很小的时候，性格就孤僻寡言、多愁善感，总喜欢自己躲在角落里发呆。

这种性格让他的父亲很不满意。父亲片面地认为，男孩子就应该坚强勇敢、能言善辩，这样才能有出息。为了把卡夫卡培养成这样的人，父亲甚至用粗鲁暴力的方式，逼迫卡夫卡和人交往，做他不喜欢的事情。

刚开始，卡夫卡也很难过，他开始尝试去改变自己，努力成为父亲眼里的好儿子。

可遗憾的是，江山易改，本性难移。无论他如何努力，始终都无法战胜内心的怯懦，做到口若悬河、当机立断。和身边的同伴相比，他显得那样格格不入。

那段时间，他自卑到了极点，觉得自己一无是处。

父亲的严厉和粗暴没能改变他，反倒使他日日被恐惧和不安的情绪包围，他变得比以前更加怯弱。在一次又一次的伤害中，他学会了察言观色，学会了承受痛苦与忍耐。他还是那个内向、胆怯、多愁善感的卡夫卡。

父亲对他感到失望，索性不再管他。

但出人意料的是，卡夫卡并非像父亲所说的那样无能。他十八岁那年就考入布拉格的德语大学，最终获得博士学位。更令人震惊的是，一次偶然的机会，他走上了文学创作的道路。正是他敏感怯懦的性格，他多愁善感的思绪，形成了他独特迷离的小说风格。

他的小说历经时代变迁，经久不衰，最终成为世界经典。

你看，我们并非一定要把自己改造得符合他人心意。卡夫卡虽然让父亲失望了一阵子，但是他所获得的荣誉和褒奖，是比得到父亲的认可更大的成功。

成长箴言笔记本

我们总有一些短处，但是也要看到，我们的身上有着不同于别人的闪光点。坦然接受自己，我们才能成为更好的自己。开心地接纳自己，比勉强改变自己要聪明得多。

天生我材必有用，千金散尽还复来。

——李白

除了人格以外，人生最大的损失，莫过于失掉自信心了。

——［英］培尔辛

坚决的信心，能使平凡的人们，做出惊人的事业。

——［英］马尔顿

先相信自己，然后别人才会相信你。

——［法］罗曼·罗兰

心灵加油站

1. 看到镜子里的自己，你会（　）

A. 满意地欣赏自己身上好的地方

B. 不好意思照镜子

C. 厌恶照镜子，觉得自己身上哪里都不好

2. 在学校里，认识新同学，你将（　）

A. 大方地与对方打招呼

B. 有点儿害羞，只敢远远地微笑

C. 害怕，低着头走开

3. 你会在意别人对你外貌的评价吗？（　）

A. 不在意，别人说什么与自己无关

B. 有一点儿在意，会听别人怎么说

C. 非常在意，甚至因为不好的评价而沮丧

结果分析 选项 A、B、C 分别对应 2 分、1 分、0 分。

0 分或 1 分，你的性格很自卑，容易被别人的评价左右自己的情绪。

2 分至 4 分，你有一点儿自卑，有时候很在意被人说了什么。

5 分或 6 分，恭喜你，你是个自信乐观的人，生活中一定拥有很多快乐！

自信是我们走向成功的基础，正确欣赏自己，比什么都重要！

我真的不是『母老虎』

苦恼来信

男生好烦人

美美姐姐，我叫檬雪，今年上小学五年级。我是山东人。

我原来在枣庄上学，在班里，我有好多好朋友，有的还是我的幼儿园同学呢！我们有缘吧。

我们每天一起上学，一起回家。大家走在路上，一边说话，一边吃零食（学校门口那家悠悠奶茶店做的零食可好吃了）。想想那时候，真是好幸福啊。

我以为我上初中、高中还会跟他们在一起，

继续幸福下去。可是在我三年级的时候，爸爸妈妈被调到济南工作了。而且他们说，我们一家以后可能就一直住在济南了！我刚知道的时候，心里有一百个、一千个、一万个不愿意！我从来没想过会和我的好朋友们分开！

但是爸爸妈妈说："小雪最乖了，你想想，你不跟我们去，难道自己一个人住在家里？你不是要饿死吗？"他们还说："在济南，你肯定会交到更多的好朋友。"

我知道爸爸妈妈都在安慰我，可是，我在枣庄的好朋友，是我最好的朋友，以后再也碰不到这样的好朋友了。

可是我又不想离开爸爸妈妈，不想让他们担心我。我心里好难受，在家哭了好多次。可是没办法，我还是个小孩儿，家住在哪里可不是我说了算，所以最后，我还是跟着爸妈，搬到济南来了。

转学过来以后，我发现这里的老师大多数都很温柔，我的新同桌孟洁也很热情，我感觉没那么难过了。

但是过了不久，我就发现，这个班的男生真的好烦人，上课一直说话，下课还在教室里疯跑，有次我还被他们挤得弹到了墙上，肩膀都撞青了……

“头号母老虎”

后来孟洁跟我说，我们班男生是全年级最调皮的，让我做好心理准备。

我心里想：我才不怕你们呢！以后我要装得“狠”一点儿，让你们谁也不敢欺负我！

有次上英语课，我旁边那两个男生一直在讲话，“嗡嗡嗡”的，就像两只无比烦人的大苍蝇。我就瞪着他们，让他们不要讲话。可是他们居然还对我翻白眼，说我多管闲事。

这也就算了，没想到下课以后，他们故意把橡皮屑弹在我桌子上，被我发现了！

我气坏了，他们居然敢联合起来欺负我！我在枣庄从来没有受过这种“待遇”！于是我使出了我的绝招——“河东狮吼”，吼得他们都捂住了耳朵，撤退了。

可是没想到，那天以后，他们就给我起了个外号——“母老虎”。现在这个班上，那些男生觉得我就是个十足的“母老虎”。

他们下课的时候，经常大声地喊我“母老虎”。做操的时候，只要老师不在旁边，他们就一边叫我的名字，一边做出那种可怕的老虎吃人的动作。我几乎每次做操都要忍受他们的“骚扰”！

最讨厌的是，他们居然把我封为整个年级的“头号母老虎”,还到处跟别的班的同学说,真是气死我了！

我根本就不是那种一推就能把男生推倒的“母老虎”！在爸爸妈妈眼里，我是一个十足的“乖乖女”，他们都跟别人说我听话、懂事。在老师眼里，我也是一个十足的“好学生”，老师经常在家长会上夸我上课认真听讲、坐姿端正（这绝对不是我自夸啊，是妈妈开完家长会跟我说的）。

可是现在好多人都觉得我好凶，甚至有的女生都不敢跟我玩了，我真的好委屈啊，我根本就没那么坏，我也想跟大家做朋友。

更严重的是，现在我想变回那个十足的淑女，可是我发现，我已经改不过来了。我看到那些男生就生气，叫我对他们温柔，这怎么可能！

我不是女汉子

好多好多的愤怒情绪憋在我心里，结果积少成多，在昨天下午，我彻底爆发了。

昨天下午课间休息的时候，我们班的蒋子豪和吴俊杰抢走了我的笔袋，一个站在讲台前面，一个站在教室后面，把我的笔袋扔过来扔过去，就是不还给我。

这可是我跟孟洁的同款笔袋！文具店就剩两个了，我们俩一人买了一个，约定要一起用到小学毕业那天。

我特别珍惜这个笔袋，都不敢往里面装太多东西，因为我怕把笔袋撑坏了。可是他们俩居然这么残忍地对待我的笔袋！

后来快上课了，他们把我的笔袋扔到我桌子底下就逃走了。等我捡起笔袋的时候，发现它已经脏兮兮的了，上面的小兔子图案也看不清了。

我的怒火“噌”的一下就被点燃了，我一下子冲到蒋子豪座位前面，抓起他的笔袋，直接从窗户里扔出去了。然后我使出全身力气，大声地对他们吼：“你们都离我远点儿！我再也不想见到你们这群恶心的人了！”

吼完我就趴在桌子上哭了，下午的体育课都没去上。我第一次感觉这么委屈。

我痛痛快快地哭了一场，哭出来以后，我感觉好多了。但我感觉那些男生更讨厌我了，他们肯定觉得我是“暴力女”加“爱哭鬼”。

美美姐姐，我想说的是，其实我也是个脆弱的女生，不是个十足的女汉子。我忍受不了这么多的误会和嘲笑，我也会哭，我也需要发泄……你理解我吗？我真的很需要你的安慰。

超级难过的檬雪

惜呆兔咪 圆桌会议

唉，这真是个悲伤的故事啊……
对啊，我感觉檬雪真的好可怜……这个班的男生真的好讨厌啊！干吗老是欺负檬雪！

嗯，作为一个绅士的男生，我表示，这个班的男生很没有绅士风度。
是啊是啊！男生嘛，还是要有绅士风度的！除了咪咪抢我吃的，我一般都对咪咪很“绅士”的！

什么？明明是你抢我的比较多好吧！昨天我的冰棒是不是被你掰掉了一半？
那怎么能算抢呢？那是你欠我的呀！上个礼拜你抢了我一袋牛奶糖，上上个礼拜……
停停停停停！我们的重点不是这个啦！

就是就是，我们快想想怎么帮助檬雪吧！
好的好的，我们言归正传。我想想……不然，让檬雪给她同学送点儿好吃的？毕竟她把那个男生的笔袋扔到窗户外面去了……

凭什么呀！明明是男生先扔的，为什么要檬雪给那个男生送好吃的呀！
就是就是，檬雪应该告诉老师，让老师好好教训一下那两个坏男生！

不行不行，那样他们肯定会更讨厌檬雪的！

阳光姐姐的回信

看了檬雪的信，我还真有点儿小感慨呢，檬雪的故事啊，让我想起了从前的自己。

刚上大学的时候，我的性格还有点儿内向呢（我那时候可是淑女）。因为跟大家还不怎么熟，所以别人每次叫我一起出去玩，我都不好意思地说："呃……不然还是你们去吧……我……我得去图书馆……"

那时候，几乎每天都是我一个人吃饭，一个人上课，一个人去图书馆。渐渐地，我还真觉得有点儿孤独呢。其实，时间长了，我也想跟大家一起吃饭，互相分享盘子里的好吃的，聊聊有趣的事情。

因为这件事，我苦恼了好久，我在想，为什么我总是一个人呢？

我认真地分析了一下，觉得一定是因为我拒绝别人太多次了，可能他们会以为我不喜欢跟他们一起玩，所以大家也就不主动叫我了。

想到这儿，我觉得我应该改变自己，让自己变得主动一点儿。

有一天，同寝室的同学收拾好了东西，准备去上课。我也赶紧拿好书，鼓足勇气跟她们说："等等我，我跟你们一起去！"

她们当时都好惊讶，她们肯定没想到，我会主动要求跟她们一起去上课。不过比起惊讶，她们更多的是开心。那天我们并肩走出寝室楼时，外面的阳光真的超级温暖呢。

檬雪，我们用自己的双眼去观察这个世界，去发现世界的美好，如果看的角度不同，我们所看到的世界也是不一样的。

如果我们因为害怕看到不美好的事物，就闭上了双眼，是不是也就把美好的事物拒之门外了呢？

檬雪，我知道你很喜欢你在枣庄的小伙伴，很舍不得他们。但是人生的路是一直向前延伸的，我们不断地前行，会看到不同的风景，也会和不同的人同行。你看，在新的班级，你不是就认识了一个可爱的小同桌吗？

我觉得你完全不用把自己塑造成一个凶凶的模样，我相信，只要你敞开心扉，大家都会愿意跟你做朋友的。

当然，你会害怕自己没有办法和那几个讨厌的男生“抗衡”，不过你有没有想过，其实你可以不用和他们起正面冲突。

比如上课不遵守纪律这件事吧，别人上课说话，确实会干扰到我们。有的人可以排除杂音，照样专心，但那可不是人人都有的功力。管纪律这种事，还是由老师出马比较有效啦。你如果担心被男生们当作“告密鬼”，可以选择跟家长说，让家长向老师提出来，请老师好好管管班上的纪律。

我知道，每个女孩子都不喜欢被当作“母老虎”。很多女生都很矛盾——如果不对男生动粗，很容易自己受欺负！但其实，我们只要有足够的气势就好了。什么样的气势呢？那就是“人不犯我，我不犯人；人若犯我，我必犯人”。我们不能胆怯，不能一味让步，在别人挑战我们的底线时，有气势地表达出自己的态度和立场，但是不一定要用发火，甚至动手去强硬地表达。

人人都需要这样一种霸气，而这种霸气，是不会让你成为“母老虎”的。

你的“河东狮吼”让同学们误以为你是一个很凶的女孩

子，不要着急，你还有时间可以修复这个印象，主动和大家交流，展示自己温柔亲和的一面吧，我相信你能做到，因为这才是你的本质呀。

大部分误解，都是因为沟通不足。别灰心，只要我们勇敢地踏出第一步，好运就会接踵而至！我相信，你的好运已经在路上啦！

成长故事袋

在英国的利物浦，有一名优秀的军人名叫麦克南。在参军的几十年里，麦克南跟随着部队越过沙漠、渡过海洋，立下无数功勋，直到二战结束后，他才光荣退役，回到家乡定居。

然而，回到自己曾经居住的小镇，麦克南却有些伤感。其实，这些年里，有件事让麦克南始终无法释怀。在他很小的时候，母亲莫尔德因为工作的原因只身前往纽约，把他托付给英国的亲戚抚养，母子俩只能通过书信联系。可是，在麦克南参军以后，他就再也没有收到过母亲的来信，他试着不断地给母亲写信，但他寄出的每一封信最后都没了音信。渐渐地，麦克南觉得自己已经被

母亲彻底遗忘了，这成了他心头挥之不去的阴影。

在很多年后的一个下午，麦克南突然接到了荷兰博物馆的通知，称他们在整理收藏品的时候，在一个布满灰尘的盒子里，发现了一批二战期间士兵的亲友写给他们的信，其中有好几封是麦克南的母亲莫尔德女士写的。有一封信的内容是这样的——

我亲爱的儿子：

真希望我现在和你在一起，我们就像以前那样形影不离。可现在，你离我千里之遥，我无时无刻不在担心你。

你现在还在维克叔叔家住着吗？最近过得怎么样？为什么这段时间给你寄信，你都没有给我回信？

我亲爱的儿子，你是不是怪我干涉你去参战？或者，你还在埋怨我的离开？儿子，对不起，我不该离开你，我真后悔当年的决定。我以为等我在纽约稳定下来后，就可以找到合适的学校，接你过来上学，我们一起在这里过上安稳的生活，可是没想到战争就这么突然爆发了，打乱了我的一切计划。更没想到，你要去参战。

亲爱的儿子，虽然我不想干涉你，但是我真的不希望你去参战。自从你告诉我，你打算去参战，我就没法劝说自己平静下来。每次听到枪声，我的心就仿佛中了一弹，我不敢想象你在战场上受到一点儿伤害。

亲爱的麦克南，我在这里根本没办法安心，我已经递交了辞呈，开始办理回国手续。真希望我能早点儿回去，我想跟你认真谈谈参战的事情。

麦克南，你现在在哪里？近况如何？收到信后请尽快给我回信。

爱你的莫尔德

麦克南含着眼泪看完了这些信。原来这些年，母亲一直都在找寻他。麦克南后来还得知，母亲由于一直没有联系上他，很快又回到了利物浦，在他们曾经住过的小镇上住了下来。但造化弄人，尽管麦克南退役后又回到了家乡，母子俩却从未见过对方。最终老太太怀着深深的遗憾离开了这个世界。

而麦克南得知了这些事情后，也陷入了深深的悲痛中无法自拔，他经常一个人坐在母亲居住过的房间里，思念着母亲。他握着那些有着母亲字迹的泛黄信纸，再没有机会对母亲说一句“我爱你”。

因为误会，麦克南以为母亲彻底抛弃了他，并且下定决心不再联系母亲。可怜的母亲莫尔德不断地打听麦克南的消息，日复一日地等待着麦克南的出现。他们明明近在咫尺，却被误会阻隔，无法相见。

看了这个故事，你应该也有所触动吧。很多时候，误会就像乌云，笼罩在我们头顶，让我们的心情也变得灰蒙蒙的。可是拨开误会的云层，温暖的阳光就会洒到我们身上。

所以我们需要沟通，沟通是解开误会的一把钥匙，可以帮我们打开通往对方内心世界的大门。当我们走进对方的内心世界，去了解他们的真实想法，就会多一分理解。而当对方知道我们的真实想法后，也会理解我们的感受。这样，很多误会就自然地消除了。

或许你还会有那么一点点不好意思，但是因为不好意思说出自己的真实想法而让误会拉远了彼此的距离，是不是很可惜呢？所以，亲爱的你，多一点儿勇气去试一试吧，我相信会有美好的结果。

成长箴言笔记本

面对误会，我们不如敞开心扉，让隔阂少一点儿，再少一点儿，你会发现，事情远没有你想得那么糟糕。

每一个人都需要有人和他开诚布公地谈心。一个人尽管可以十分英勇，但他也可能十分孤独。

——［美］海明威

如果你是对的，就要试着温和地、技巧地让对方同意你；如果你错了，就要迅速而热诚地承认。这要比为自己争辩有效和有趣得多。

——［美］卡耐基

推心置腹的谈话就是心灵的展示。

——［苏联］温·卡维林

心灵加油站

测试你在与人交往中，最大的优点是什么。

下面有五种状况设定，请从中选择一种你觉得最无法忍受的。（　）

A. 欺负小动物

B. 虚伪做作

C. 欺善怕恶

D. 对老人跟小孩不友善

E. 不遵守约定

结果分析

A：“正义感”必胜。即使要你牺牲自己，你照样会义无反顾地选择仗义执言。因此，你的正义感总是为你带来许多的友谊。你那铲奸除恶的精神更为你赢得众人的赞赏与信赖。

B：“诚实”必胜。诚实、正直是你最大的特色，与其用谎言来包装自己，你反而希望以真实的自我来获得周遭的肯定。你那表里如一的坚持，会让大家对你的信任感与日俱增。

C：“耐力”必胜。你是属于“路遥知马力”的类型。年纪越大，你的这项优点就越会获得赞扬。你总是默默地耕耘，把一件明知不可能的任务顺利完成，大家都会对你甘拜下风。

D：“同情心”必胜。你的同情心非常旺盛，看到需要帮助的人和事，就会忍不住想要贡献自己的力量。许多人都是因你而获得无上的快乐，这个社会也因你变得更祥和。

E：“责任感”必胜。你非常注重人与人之间的信赖关系，会努力遵守约定，答应别人的事也一定会做到，就算发生麻烦也会尽力解决。因此这样的你，当然是大家最欣赏的人啦！

与人交往，一定要采用最妥当的方式！

苦恼来信

看不顺眼的仇敌

女孩子之间的关系真是奇怪。班里的男生似乎总是关系融洽，经常勾肩搭背，追逐打闹。可是说实话，女生跟女生之间就不行了，老是出现一对一对互相看不惯的“仇敌”。我是班里的班长，平时的威信还是挺不错的，在班里，要好的同学也有好些个。按理说，班长应该为班里带个好头，要和大家和平相处，不能出现“互相仇视”的情况。可我就偏偏有个看不惯的人——我们班稳坐第一名交椅的学霸，唐越。

其实，我们俩原先还是好朋友。就和很多

女孩子一样，我们无论走到哪儿都喜欢黏在一起，八卦喜欢的明星，分享秘密……我们一直相处得很好。

去年，班里举行了班委改选，我一路过关斩将，最后如愿登上班长的宝座。当时唐越还很真心地祝贺我，我也高兴得不得了。可似乎从那以后，我们之间有了一些微妙的变化。

不知道为什么，我越来越讨厌她了，怎么说呢，就是横看竖看都不顺眼。上课的时候，老师为我们讲解丝绸之路，提到了现在的“一带一路”倡议。老师问道：“‘一带一路’指的是什么？”

问题一出，大家伙儿七嘴八舌地嚷了起来。我知道答案，不过没有马上说出来。

“丝绸之路不是在沙漠上吗？货物只能让骆驼驮着，那骆驼得一直带着吧，这一带就是一路，所以叫‘一带一路’。”唐越的声音格外大，同学们听了，都拍着腿大笑起来，连老师都忍俊不禁。

我却丝毫没有发现笑点。说实在的，我格外反感唐越这种“哗众取宠”的行为。

“‘一带一路’，就是‘丝绸之路经济带’和‘21世纪海上丝绸之路’合在一起的简称。”这是我的回答。我确信自己的答案正确，老师也投来赞许的眼神。我心里感到一阵快感，并非因为老师对我的认可，只是觉得自己纠正了唐越的话，让她下不来台，所以才感到高兴。

像这样的事儿不是一次两次了。唐越总喜欢故意说错话来活跃气氛，我就是不乐意她这样，偏要纠正过来。我越纠正，她就越说错。我觉得她像个小丑，或许她也觉得我是个死脑筋。

渐渐地，我们之间就这样产生了隔膜。唐越一到下课也不愿意找我玩了，我当然也不会去找她；放学之后，也不会结伴回家；更不会分享什么秘密了。

演讲比赛大比拼

唐越越来越疏远我，可我总是觉得不服气。最近，学校举行了演讲比赛，我不仅是参赛选手，也是分数登记员，而唐越也参加了演讲比赛。

唐越口才好，这我是知道的。为了胜过她，我精心准备了很久。抽签决定比赛顺序，唐越是六号，我是七号，就排在她后面。她的演讲确实很好，而我在下面，心里却有种说不出的滋味儿。到我上场时，她刚好下台，居然还轻蔑地瞥了我一眼。那副模样简直像是在说："就你，还比得过我？"

这下我可就不好受了——我非得比你讲得好！

不服气的争吵

我感觉这次发挥得还是可以的，至少不比唐越的演讲差呀。

“1号选手，七分；二号选手，九分……”终于到了最激动人心的时刻——公布成绩了！主持人在上面大声念着，我在下面双手紧握，掌心渗出一层薄汗：我的成绩一定要比唐越高啊！

“哎呀，别紧张，又不是什么大比赛！”坐在旁边的同学安慰我道。

“你懂什么！”我紧张得不得了，烦躁地小声低吼。

她被我说得很不愉快，皱着眉头说了一句“真不领情”，索性不再搭理我。

“……六号选手，十分！”

什么！我吃惊地望向唐越。同学们纷纷发出惊呼声，唐越骄傲地挺了挺胸脯。十分，那可是满分哪！那么我……

“七号选手，八分。”

当主持人报出我的号码和成绩时,我可是彻底傻了眼。

“还不错，没事。”有人安慰我道。

可他们不知道，在我心里，我这回是彻底输了。唐越口才好是不假，可怎么会比我高这么多？我心里越来越懊恼。而就在我感到不平衡的时候，唐越还跑过来问我：“哎，你这回得了多少分？”

这下我可就不高兴了。她怎么会不知道我的成绩呢？刚才她肯定听得清清楚楚，这不是明摆着炫耀她比我成绩高吗？

“你不就是得了十分吗？有什么可炫耀的？你自己高兴就算了，不要跑到我这儿装模作样！”我突然就激动起来，红着脸对她大吼。

大难题

唐越一愣，想要辩驳，但这时候有人喊我去登记分数了，她才作罢。走之前，我还不忘把她甩给我的白眼再甩回去。我能想象身后的唐越气得跺脚的样子，而我心里也爽快不起来。

在登记的过程中，我也是越想越生气。看到唐越名字后面的分数，我就觉得愈发心理不平衡：她凭什么能得这么高的分数？我并不觉得自己比唐越差到哪儿去呀。于是，正在气头上的我，手一抖，把她的成绩登记成了九分！

事后，我也想了想，觉得自己在这件事上确实做得不对。但是我真的觉得很不服气！唐越在班里什么职位都没有，可她学习成绩竟然比我好；她平时能说会道，口才更是比我好；而她的软肋——体育，都比我这个当班长的好！

面对这个事事比我好的“全能学霸”，我总觉得心里不平衡。而且我作为班长，心里肯定更是过意不去。我到底应该拿她怎么办啊？这下，摆在我面前的，可是个大难题了。

不服气的小卢

惜呆兔咪
圆桌会议
咦，真是奇怪了，为什么班长就要觉得自己是最好的呢？人外有人嘛。
是咧是咧，搞不好还有人唱歌比她好，跳舞比她好，做手工比她好……那她就要气不过来啦！
那个唐越也有错的。要是她故意跑到我面前问我多少分，哇，这分明就是赤裸裸的挑衅！我很可能要忍不住出手打她的！
惜城，你要控制自己的情绪呀！冤冤相报何时了！
阿呆一语道破真谛啊——小卢和唐越就是这样互相较劲，才会关系越来越差的吧。
阿呆，你怎么说话跟哲学家一样啦？
对呀对呀，我就是这个意思。

阳光姐姐的回信

小卢同学，希望你不要生我的气，我可能要说：你或许是个有点儿膨胀的小班长。

班干部职务，特别是班长，总是能给大家带来不少麻烦呢。很多孩子也会写信来，说他自从当上班长以后，别的同学就看不惯他了，总是觉得他摆出高高在上的姿态，可是他觉得自己并没有。他还说，班长只是帮助老师管理班中大小事务，为什么总不招人待见呢？

而你刚好相反，在你当上班长后，眼光发生了改变，从班级头头的角度看，唐越那恶搞式的接话让你觉得不是很正经，你忍不住站在了她的对立面。

其实我觉得，不管当什么班干部，都不意味着你就从此站上了和大家不一样的位置。（这一点，我很希望当班干部、不当班干部的同学都能意识到。）

所以，当班长并不意味着你是班里最出色的人，可能是老师对你的威信、说服力、领导力有所认可。如果因为这个，你就用最高的标准来要求自己，对自己会造成折磨，对其他人也不公平呢。难道还不许人家比你优秀了吗？

我相信你是个整体很出色的同学，不过请你一定要甩掉心里的两个小恶魔：

第一个小恶魔是嫉妒心。

有人成绩比你好，体育比你好，口才比你好，这是再正常不过的事啦。我们每个人都不太可能成为独一无二的佼佼者，更不可能是全能型天才。或许我作文写得好，可是同桌数学比我好，还有别人长得比我漂亮……每个人都有长处，也有缺点，如果你要嫉妒每个比你出色的人，那日子可真没法过啦！所以，试着将嫉妒转化成欣赏吧！你也可以激励自己进步，不过是为了成为更好的自己，而不是要把谁比下去。

没错，第二个小恶魔，就是胜负心。

我知道，很多大人都会往你们的脑海里灌注“竞争”观点，甚至把好朋友之间的关系也弄得剑拔弩张，好像不分个高低就不能罢休似的。

可是，胜负真的那么重要吗？武侠小说里经常会有绝世高手，一生都在追求打败对手，最后，当他成为天下第一时，却觉得人生了无生趣，一片空虚。

我想，我们有时候需要迷糊一点儿，凡事都要去竞争，只会让这件事失去本来的乐趣，让朋友之间的关系变了味儿。我由衷地希望，你在朋友获奖的时候，能为她感到高兴，而她也能和你分享这份喜悦。

收起你的恶意吧，唐越接收到了你的不友好，所以她才会反过来还击你，你们像两头顶角的小牛，僵持在那里，谁都不愿意往后撤一步。这是一个恶性循环，你愿意先打破这种循环吗？

成长故事袋

张东和陈都两个人是一家贸易公司里的销售员，他们两人分别管理着A队和B队的销售事务。张东和陈都两人的业绩不仅都很出色，还是公司里出了名的“好搭档”，经常互相帮助邻队的销售事务。

但有一天，张东被升职成了销售部总经理。一开始，张东还是和以往一样，和陈都称兄道弟，一起为公司的销售业绩出力。可是，渐渐地，张东开始不满陈都的能力，他总觉得陈都没有尽最大的力气为公司效劳，所以他总是去找陈都谈话：“陈都，你最近的业务怎么都在原地踏步啊？”

最近市场不怎么景气，陈都能有这样的业绩，已经实属不易，公司里的其他员工都觉得是张东在挑陈都的刺，导致陈都也开始对张东不满。

陈都经常在私底下和同事们抱怨说："唉，张东自从当上了总经理后，就看不上我们了，总是觉得我们做得不够好，只会动嘴皮子。"

同事们也纷纷响应陈都："按我们说，你的业务能力比张东的都好，B 队主管的销售业务一直都是我们公司里最难的项目，你都能让 B 队混得风生水起，才是强人啊。"

陈都听着心里美滋滋的。但是张东升职成了销售部总经理已经是铁板钉钉的事情，他不可能在这事情上和张东争了。可不服输的陈都心想："这个世界，在任何地方，都是能力说了算。我有能力，在公司里就一定有说话的位置。"

于是，陈都更加努力发展新的客户，更加努力地参加各种销售培训课程，把自身的能力以更快的速度提升上去。

这期间，张东不知道是不是自尊心作祟，他觉得陈都的能力越来越强，有好几次开会的时候，老板都特地找他说："张东啊，你怎么越活越回去呢。自从当上了销售部总经理后，业绩就越来越差，你看看主管 B 队的陈都，销售业绩比以前提高了一倍啊，你要向人家学习学习啊。"

张东心里郁闷，想要和同事抱怨一下。但是走了一圈，发现自从他升职以来，同事们都对他心存了芥蒂，都向陈都靠拢了。左一句“陈都哥”，右一句“老大”，让张东听得又是嫉妒又是不满。

张东心想：“我明明才是总经理，凭什么陈都的风头比我还大？”

于是，张东总是找机会挑陈都的毛病。

陈都去见客户回来迟了，张东都会数落他一顿，说他没有时间观念。

陈都要去和客户签约，想要坐公司的车，张东都会以各种理由不批准。

连陈都出差住的旅馆，张东也要限定价位，否则不给报销……

这样的事情多了，公司里对张东的风言风语更多。

就在这时，公司爆发了一次财务危机，原本和公司合作的货物销售商破产了，导致公司生产的大批量货物都囤积了，卖不出去。公司要是不能在短时间内把这批货物给销售出去，资金不能回流，也会面临破产。

而仓库里大部分的货物都是A队负责销售的物品，

这下，公司的老板找到张东，说道：“张东啊，你负责的A线货物太多了，要是卖不出去，我们公司就会损失惨重。到时候就会不得已把你请出公司了。”

张东大惊，他上有老，下有小，一定不能在这个关键时刻被辞退。于是，他每天忙得焦头烂额，东奔西跑，可眼见离目标时间越来越近，他还是没能把仓库里的货物全部销售出去。

张东心想：“难道我注定要被炒鱿鱼了吗？”

这时，有人跟张东说：“你可以去找陈都帮帮忙的，他积累下的人脉和资源很多，说不定可以帮助你渡过这次难关。”

张东和陈都的关系已经弄得很僵，这次他迫不得已，只好硬着头皮去找陈都。他以为陈都会嘲笑他，可他猜错了，陈都把一张客户资源的表格放在他手里，说道：“东哥，这是我手上能想到的资源，我们一起去问问这些客户需要不需要这批货吧。”

张东感激不已，在陈都的帮助下，果然度过了这一次的“囤货”危机。

张东找到陈都，激动地说道：“陈都兄弟，我以前嫉妒你的能力，嫉妒你能成为同事们口中的兄弟，所以故意处处为难你，但你却不计前嫌地帮助我，以后你有什么需要帮助的地方，我定当全力以赴！”

陈都笑了起来，他说：“其实我也应该感谢你，因为你总是觉得我不够好，所以我才会下定决心提升自己，危机来的时候，我才有足够的能力去面对和抵挡！”

两人相视而笑。老板知道了张东和陈都的事情后，把陈都也升为了销售部的总经理，从此以后，公司的这两个销售部总经理，同心协力，为公司创造了更多辉煌，而他们也成为了业界里鼎鼎有名的“销售皇帝”。

所以说，嫉妒不能让人进步，合作能使双方共同获利。俗话说，不是冤家不聚头，就让大伙儿好好搭档，共创辉煌吧。

就好比战国时期的赵国名人蔺相如，奉命携和氏璧出使秦国。而他也不辱使命，历经千辛万苦，终于完璧归赵，也因此被封为上大夫。

老将廉颇觉得自己整天都过着刀尖上舔血的日子，保护赵国功不可没，都没有这个奖励。而蔺相如只不过是一介文弱书生，只需要动动口舌，得到的官职却比他大，于是非常不服气，他多次对人说："以后让我见了他，必定会羞辱他。"

而蔺相如知道这事情后，不想和廉颇闹矛盾，因为他觉得要是他们闹矛盾，一定会危害赵国的利益，于是假装有病，请假不去上朝，尽量不再激发廉颇的怒火。

后来，廉颇从朋友口中得知了蔺相如不去上朝的原因，得知他这是完全在为国家大事考虑，心里顿时觉得惭愧，于是背着荆条去向蔺相如请罪。

从此，交好的两人开始尽心尽力地辅佐赵王治理国家。

放下彼此的嫉妒，你会发现对方的优点也很值得自己去学习和尊敬。

成长箴言笔记本

人外有人，天外有天，我们无需要求自己是世界第一棒，更要用谦虚和欣赏的心态去面对比我们优秀的人。否则，你会发现自己不仅没有进步，还有可能变成一个糟糕的家伙。

骄傲、嫉妒、贪婪是三个火星，它们使人心爆炸。

——［意大利］但丁

好嫉妒的人就像锈腐蚀铁那样，以自身的气质腐蚀自己。

——［希腊］安提斯德内

善良和谦虚是永远不应令人厌恶的两种品德。

——［英］斯蒂文森

心灵加油站

1. 你的同学穿了件新衣服，洋洋得意地问你：“这件衣服漂亮吗？”你如何回答？（ ）

A.“不错，很漂亮！我也想有这么一件。”

B.“这不错！在前些时期穿更好。”

C.“……”（不吭声，暗自发笑）

D.“不大适合，过时了。”

2. 同学带来了极为漂亮的钢笔，你也想买这么一支。那么，你会怎么办呢？（ ）

A. 询问同学在何处买的

B. 自己找支与之相似的钢笔

C. 婉转地打听是哪家商店出售的

D. 放弃打算

3. 班会上，一位看上去并不比你强的同学提出了比你高明的建议，当老师问你意见如何时，你怎样回答？（ ）

A. 赞成这条意见

B. 不赞成，并提出其他意见

C. 回答“我没有看法！”

D. 一声不吭，事后发牢骚

结果分析 选项A、B、C、D分别对应3分、2分、1分、0分。

0分或1分，你有很强的嫉妒倾向，平时对比你强的学生总是看不惯呢！

2 分至 4 分，你有点儿嫉妒心，但要努力克服呀！

5 分或 6 分，你的嫉妒心不太强，能平心静气地看待比你强的同学呢。

7 分到 9 分，恭喜你，你是个完全没有嫉妒心的人，会用欣赏的眼光看待别人。

面对别人的优点，我们要有一双发现的眼睛，而不是心生嫉妒！

苦恼来信

“甜美女生”的烦恼

亲爱的美美姐，我很像您书中所述的“甜美女生”——王琚。我也有娇小可人的身材，有笑起来很阳光的小虎牙，白得如雪一般的娃娃脸，如同黄鹂一般的美妙音色，见到我的人都爱说我长得像个瓷娃娃（可不是自恋）。

我呢，在班级中学习成绩一直名列前茅，稳稳当当地守住了班级闪亮的前三名宝座，是一班之长。

我在艺术方面有些天赋，但也不全因为天赋，悄悄告诉您，背地里我付出的努力远远比别人多。因此，学校艺术节的唱歌、舞蹈表演总少不了我轻盈的身影。

虽然我体育不是很好，但在学校运动会上，也总能见到我龇牙咧嘴为班级奋力争光的认真的脸。

许多人都说我很优秀，但我真的没有因为这些而高高在上，成为那些不可一世的人。我自己本身不太喜欢那一类人，可能很少有人知道（失望中）我会因为别人的一句话而去试着改变自己，会把友情看得高于一切。

可我真的万万没想到，就是因为我的这些闪光点，给我造成了挥之不去的麻烦。也许是因为我的成绩或者是外貌，许多班里甚至辅导班的男生都喜欢我。本来被人喜欢是一件好事，这证明了我成长之路上付出的努力被人认可了，可是也正是因为这个，导致我和朋友的“铁三角”破裂。夕阳下，我也只能望着她们俩渐行渐远的背影（苦瓜脸）。

酸酸的语气

包括好朋友在内的许多女生都开始拒我于千里之外。她们总是认为我很虚荣，抢了原本属于她们的一切。她们在网络上，或我不在场的时候，会聚在一起说我的坏话。有时候用词还很恶毒，让我很委屈。

一次下课，一大拨女生竟然当着全班同学的面说起了我的坏话。她们坐在桌子上，斜着眼向我投来鄙视的目光，还不时举起她们的“纤纤玉手”对着我指指点点（类似于容嬷嬷对待紫薇的模样），还故意把“好学生”三个字拖得很长。

我朝她们看看，她们就会用一种酸奶一样的口气对我说话。

“看什么看，你眼睛是斜的吗？”毛豆小姐总是喜欢这样，像全身长满刺的豆子一样，你碰都碰不得。

“你看看她那副盛气凌人的样子，好想把她扁一顿！”胖胖说着撸起袖子，一副灭绝师太的样子。

唉，倒霉透顶，委屈死了，真是躺着也中枪。忘了提了，毛豆和胖胖也是属于很有“势力”的人，她们在班级里有着自己的“集团”（类似于很恐怖的帮派）。唉，我这种可爱阳光又聪明伶俐的人怎么就没有同伴呢？真是天大的烦恼，难道这个时代非得要尖牙利嘴才能称霸吗？

她们还把让我当众出丑看成一种乐趣，故意把香气扑鼻的零食袋放在我的桌箱里，然后装出一副纯天然无公害的样子，向老师栽赃说是我吃的零食，真是气死我了！

现场抓包

今天早晨，像往常一样，我交完各科作业假装倚着窗户，呼吸着新鲜空气，眼睛却偷偷盯着那几个讨厌我的女生，看看她们会做出什么事情。果不其然，不出一分钟，个子娇小、身轻如燕的小个子女生拿着一支纯黑色的钢笔，缩着她那又小又短的脖子，突出她那“美丽”的龅牙（样子很像老鼠，请自行脑补）。她的眼睛贼兮兮地望了望四周，见没有君子和淑女在意她，便迅速抽出我的笔记本，准备在我的笔记本上乱画，她的心肠真是太歹毒啦！

美美姐，各位同胞们，我是不是很可怜？开玩笑的啦，我才不要上演苦情戏呢。

我一个箭步冲上前，吓得她一个哆嗦，把手里的钢笔抖在了椅子上，黑黑的“墨鱼胆汁”洒了满满一张椅子。我质问她：“你在干什么，能解释清楚吗？”

她甩给了我两张卫生纸，然后满不在乎地说：“我为什么要解释给你听，请问这位栗子小姐你配吗？”哦，天啊，她的口臭和大黄牙，我快要晕了！她活脱脱完美诠释了包租婆的“可爱”——可怜没人爱的形象。苍天大地，救救我吧！

“不好意思，你弄脏了我的椅子，却连一句道歉也没有，请问是谁不配？”我憋着一口气紧闭着眼睛问她。

她也许还算是有点儿自知之明吧，并没有再反驳我，而是“回眸一吓”，瞪着眼睛说：“有你好看！”说起来也是蛮有夜叉风范的（朋友们，读起来小心一点儿，小心被她听到了）。我只好潇洒地打理好自己的座位，美美姐，您说我冤不冤啊！

我十分喜欢美美姐姐的“阳光姐姐小书房”中的王琚，觉得她几乎是我的影子。我的愿望是，让我化身为您书中的王琚，请您用故事来告诉我，点醒我该如何同同学们交往、交流，来化解这些讨厌的矛盾。

祝您身体健康，工作顺利！

超级超级烦恼的栗子

惜呆兔咪
圆桌会议
哈哈哈，为什么明明是一封倾诉烦恼的来信，栗子却能写得这么有喜剧效果呢？
说明栗子比较有幽默天赋，就像我一样！
臭美！
你看你看，幽默的天才少年总是容易受到别人的嫉妒。
其实栗子好像只是和女生之间矛盾比较多，信中说其实很多男孩子都挺喜欢她的。

我觉得可能是因为女生都比较嫉妒她。
可是兔子也是像栗子一样，是个成绩棒棒又很可爱的女生，男生女生都挺喜欢兔子的呀。
兔子小姐，请问你受欢迎的秘诀是什么？
哎呀哎呀，你这么说，我的脸都要红啦！我也不知道这是为什么啦！

阳光姐姐的回信

亲爱的栗子，很高兴收到你的来信，很开心你喜欢我笔下的人物——可爱妹妹王琚。在阅读你的来信时，我把信中的你想象成了可爱妹妹的样子——娇小的身材，可爱的小虎牙，和一张雪白可爱的娃娃脸。

正如同书中的可爱妹妹是一颗闪亮的“小童星”，你成绩优异，多才多艺，在班上也一定是个闪闪发光的小明星，正因为如此，遭受来自同学的嫉妒也是难免的事。不过我想提醒你的是，如果只是个别同学爱说你的坏话也许是别人的不对，可是如果是包括你的朋友在内的许多女生都与你为敌，那你是否也应该想一想，自己的言行是否有不当之处，引起了大家的不满呢?

朋友和同学们说你的“坏话”给你带来了很大的苦恼，她们指责你“虚荣”“盛气凌人”，而且还故意冤枉你吃零食向老师告状。同时，在来信中我也读到许多你形容同学的词句——“容嬷嬷”“口臭”“大黄牙”“夜叉风范”“包租婆”……和你同学指责你的词汇相比，我认为你形容她们的词汇更不礼貌，无论哪个女孩子，听到别人用这些丑陋的词语形容自己，一定都会特别伤心难过吧？你既然觉得别人“说坏话”给你带来了苦恼，又为什么要用同样的方式来伤害别人呢？我想你应该反思自己的言行，为你曾经的不当言行向你的同学认真地道个歉，这是解决你们之间矛盾的第一步。

真正可爱的女孩一定不仅仅是外貌可爱，更是心地善良，懂得为别人着想的女生。在我看来，那些外表普通，但是常常给人带来温暖的女孩子，要比长相漂亮但言语粗鲁的女孩可爱得多。你作为一班之长，成绩优异、多才多艺，的确给班级带来了许多荣誉。不过，在此之外，你更应该多多考虑他人，多为别人着想。好朋友拒你于千里之外，认为你抢了属于她们的一切，那么，你是否考虑过，在舞台上、在运动场上，大家都有为班级争夺荣誉的愿望，都渴望展现自己，当名额有限的时候，你是否也可以多给其他同学一些锻炼成长的机会呢？多多为他人考虑，为他人留出一些机会，这是解决你们之间矛盾的第二步。

每个人的成长都是在挫折中不断反省、不断完善的过程。作为一名聪明优秀的女生，我想你有能力认识到自己的不足，并且改正自己的错误。在与人交往方面，学会尊重他人；在自我修养方面，努力做到谦虚有礼，提高素质，增加内涵。这是解决问题的第三步。

做到了以上这些，我想，你一定会赢得好人缘，成为一名真正的可爱女生。

成长故事袋

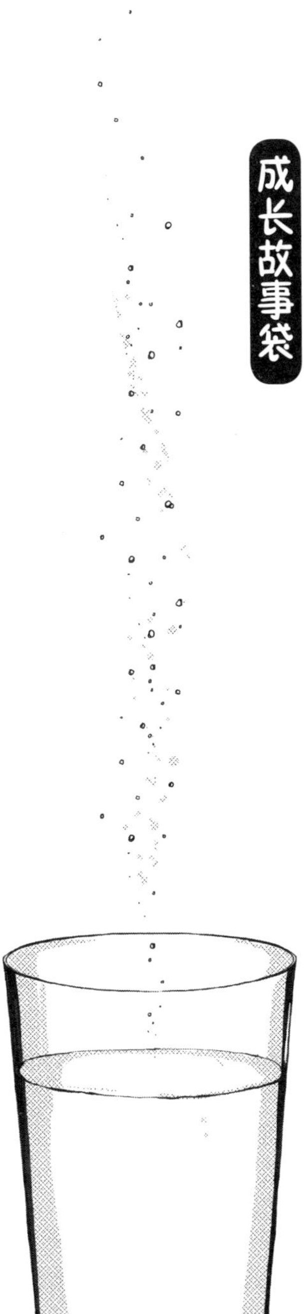

安安在学校里和同学发生了矛盾，那个同学对很多人说安安的坏话。安安气得无处申冤，只能跑回家找妈妈哭诉。

妈妈用手轻柔地抚摸安安的头，告诉他：“别生气，要学会冷静地对待。”

安安哭泣着说：“我冷静不下来，他当着很多人的面说我，我当时都想打他，但我忍住了。”

“做得好。”妈妈称赞道。为了教会安安如何处理这件事，妈妈叫他到厨房里把盐拿到客厅。安安虽然不理解妈妈的话，但还是照做了。

妈妈舀了一勺盐放到安安喝水的杯子里，安安奔跑着回家，口太渴，立即拿起杯子“咕嘟嘟”地喝了起来。

“呸呸呸，太咸了，太咸了……”

安安立刻倒掉杯子里的水，并不停地往外吐着，皱起了眉头。

妈妈不动声色，又舀了一勺盐放到大水壶里，晃一晃，待盐全溶化了，再将水倒进安安的杯子。

“现在，你尝一尝。”

安安一开始不敢再喝，但在妈妈温柔的鼓励下，犹豫地把杯子凑到嘴边，小口地尝了一下。发现水一点儿也不咸后，他没有再吐出来，而是大口大口地喝起来。

妈妈擦去安安眼角的泪渍，语重心长地说：“安安，你不要把事情想得太复杂，你看，你和同学之间的矛盾，其实就像这勺盐，它是咸还是淡，其实是由装它的容器决定的。对于矛盾，对于同学说你的坏话，如果你用小杯子，也就是用狭隘的心去面对的话，矛盾可能会很大；但如果你用大水壶，也就是用一颗宽容的心来面对，矛盾可能就消失了。”

在听了妈妈的一席话后，安安若有所悟。第二天去学校，安安没有找那个同学“报仇”，而是把这个故事讲给那个同学听，并向他解释，自己并不是他所说的那样。时间长了，那个同学再也不说安安的坏话了。

在人与人的交往中，发生摩擦和矛盾是在所难免的。但千万不要因为对方的不理解而耿耿于怀。换个角度去思考，换种做法去处理，也许就会避免很多的麻烦。

安安妈妈的做法，就是在教他要有一颗宽容之心。那么，在实际生活中，当有人说你坏话的时候，我们不仅要有一颗宽容之心，还要用别人的话来审视自己，看看自己是不是真的有什么不对的地方。

有则改之，无则加勉，或许你身上真的有些可以改进的地方呢？宽容别人的过错，不因别人说了你的坏话而记恨，你就成了一个品德高尚的人呢！

美国总统林肯处理别人说他坏话的方法，值得我们借鉴。

林肯是美国的第十六届总统，但他出身平凡，是鞋匠的儿子，从小家庭贫困。当时的美国社会非常重视家庭背景，所以当林肯竞选总统时，竟然遭到了一个议员的侮辱。

那个傲慢的议员轻蔑地说："亲爱的林肯先生，在您竞选总统前，我必须给您提个醒，那就是您的父亲只是个小小的鞋匠。"现场有人发出嘲弄的声音。

林肯并没有感到难堪，他镇定自若地回答道："是的，我是一个鞋匠的儿子。但我为我的父亲感到骄傲，因为他的手艺很好，所以我也和他学做鞋子。”

林肯接着说道：“我知道，您的家庭穿的鞋子其实也是我父亲做的。您感觉如何呢？如果有不满意的，我现在就可以帮您改良。”

然后林肯向着观众席鞠了一躬，对所有的人说：“如果在座的各位也有从我父亲那里定制鞋子的，都可以找我免费修补。”观众席上响起了一阵热烈的掌声。

林肯有个很忠心的部下，有一天，他很不理解地向林肯抱怨道：“总统先生，您为什么对您的政敌如此友好呢？他们可是您的敌人啊，我们应该打击他们才对。”

林肯对此只微微一笑，反问道：“世上有什么消灭敌人的方法比得上把敌人变成朋友呢？”

这就是林肯总统的智慧。他有着敏锐的洞察力、宽容的态度和人道主义精神，因此两度当选为美国总统。在美国南达科他州的拉什莫尔山上，刻着美国有史以来最伟大总统的头像：华盛顿、杰斐逊、罗斯福和林肯。

现在你去林肯纪念堂，会发现这座以他名字命名的纪念堂的墙壁上，刻着这样一段话："对任何人不怀恶意；对一切人宽大仁爱；坚持正义，因为上帝使我们懂得正义；让我们继续努力去完成我们正在从事的事业；包扎我们国家的伤口。"

林肯总统的故事告诉我们，心胸开阔，与人为善，是人一生的必修课。面对同学的诽谤和语言攻击，我们最好先冷静下来，化干戈为玉帛，然后宽容地处理这件事，再找一找自己身上的缺点，也许还能通过这件事变得更完美呢！

成长箴言笔记本

面对别人的错误，如何对待，体现了一个人道德水平的高尚与否。以一颗宽容的心去拥抱他，记住，别因为他人的错误使自己生气。

最高贵的复仇之道是宽容。

——［法］雨果

能容小人，方成君子。

——冯梦龙

生气，是用别人的错误惩罚自己。

——［德］康德

心灵加油站

1. 你认为这只猫，会在接下来的行动中挠她吗？（　）

A. 不会，它只是在虚张声势

B. 不会，它玩得正开心呐

C. 会的，它受到了惊吓

D. 会的，它被激怒了

2. 你认为，他在这里做什么？（　）

A. 看风景

B. 思考人生

C. 找东西

D. 准备跳崖

结果分析

第一题：

A：你的包容心是200%，你宽恕待人，允许别人有过失，与你成为朋友，会幸福满满！

B：你的包容心是100%，你能容忍大部分的事情，理解不同的内心。

C：你的包容心是50%，在生活中，你容易生气，但有时候也能克制。

D：很遗憾，你都没有什么包容心，而且很容易被激怒，你需要多理解别人。

第二题：

A：你是个心胸宽广的人，能容忍他人不好的地方。

B：你是个大度的人，能原谅别人的过错。

C：你不太包容别人，但也不会被激怒。

D：你是个“火药桶”，遇到不顺心的事情就会被激怒。

不要轻易被他人的错误激怒，毕竟与人相处，最重要的就是包容心啦！

苦恼来信

黏人的蚊子

美美姐姐，最近快要期末考试了，可是我不但考试紧张，还有许多烦心事儿如小山似的堆在我脑中。唉，真烦！且听我慢慢道来吧。

我有一个朋友叫蚊子。虽说这名字不太好听，可是也是取得十分贴切。人如其名，蚊子就如同一只真的蚊子般，绕着我转圈圈，一刻也不肯远离我。这可把我愁坏了。不过话说回来，被一个人这么依赖，我倒是觉得自己蛮有存在感的。

下课了，当我正准备拉着闺蜜粽子一起出

去散步，蚊子就立马黏了过来。她拉着我的衣服，不停地晃着我，还略带撒娇地说：“橘子橘子，陪我玩嘛……”一边说着，她一边还趁势把头靠在了我的肩膀上，怎么也挣脱不了。我总是被蚊子那黏人的样子所打倒，与她妥协。害得我和闺蜜的相处时间也变少了。

有一天，我终于忍不住了，甩开了蚊子的手，抱怨了起来：“蚊子，你能不能不要再缠着我，最近，我可真是烦透了！”

蚊子一听，怔了几秒，立即略带抽泣地说：“橘子，我就只有你一个朋友，你不要嫌弃我，好不好……”接着，她就碎碎念一般地低声呢喃，让我的心烦透了。终于，我心软了。唉，我可真讨厌我自己，刀子嘴豆腐心，经受不起别人的请求。于是我不得不无奈地拉着蚊子陪着她出去玩耍。

可是我的心还是闷闷的，有一些难受，因为我看到悻悻离开的粽子，似乎又意味深长地看了我几眼。我会不会失去粽子这个闺蜜？我不禁有一些恐慌。

唯一的朋友

哦，对了，美美姐姐，我忘了提了。蚊子在班里的人缘极差，几乎所有的人都不太爱搭理蚊子。他们都被蚊子的性格烦透了，因此，蚊子也只有我一个朋友。唉，谁让我总是心软呢？

蚊子有一些胆小。她在别人欺负她时总是不说话，畏畏缩缩的，一旦看到好说话的同学就立马拉过来，当作她的保护伞。

班里总是欺负她的也只有雪儿一个。雪儿是一个霸道的女孩，她家里很有势力，因此，她总是欺负弱小的人，连我这个五大三粗的女汉子有时候都被她捉弄，更何况是胆小怕事的蚊子。

每当雪儿找蚊子的麻烦时，蚊子总是会二话不说，把我拉出来当挡箭牌。我可真是无奈，害得我为了她，已经和雪儿起了好几次纷争了。我很喜欢交朋友，所以我和雪儿即使成不了朋友，我也不希望我们俩本来就普通的关系变得恶劣起来。

有一次，蚊子一不小心碰翻了雪儿的书，雪儿气冲冲地说："蚊子！你的眼睛是长在头顶上吗？竟然碰翻我的书？"

蚊子畏畏缩缩地退后了两步，胆怯地说："对……对不起，雪儿，我不是故意的。"同时一把拉过我，我知道，她又要把我当作挡箭牌了。

我真想站在一旁看热闹，但又不忍心，于是站了出来，说："雪儿，你就原谅她吧，况且书没坏，她还道歉了呢。"

雪儿高傲地抬起头，瞄了我两眼："这又不是你的事，你管什么？"我的臭脾气一下子被激了起来，和

雪儿你一句我一句地争吵。结局就是：我被除了蚊子外的全体女生冷落了！

但是我还是不得不帮助蚊子一下下啦，谁让她只有我一个朋友呢？

左右为难

蚊子还是一个幼稚的女孩子。美美姐姐，你猜猜，她最喜欢的是什么？与旁人不同的是，她喜欢的并不是什么明星，而是公主！什么白雪公主、芭比公主、睡美人都是蚊子最爱的宝贝。打开蚊子的铅笔盒，就可以发现里面除了文具，就是关于公主的明信片、书签、笔套……几乎蚊子所有的东西上面，必定都会有一个公主。唉，真是让人无奈。

每当下课，蚊子在缠着我的同时，就会口若悬河地告诉我："昨天我看了白雪公主的电影，真是感动啊！""茉莉公主的那部电影叫什么，橘子，你知道吗？"我的耳朵啊，都快被她叫出老茧来了！真是无奈啊！

虽然蚊子喜欢公主，可她却一点儿公主气质都没有。别说公主了，蚊子连一点儿淑女气质也没有。她长得不怎么好看，站立的时候总是旁若无人地弯着一只脚，嘴总是像地包天似的。可是她一直都以为自己很漂亮。

我为了她的形象，经常好心提醒：“蚊子，不要这样，要淑女一些。”

谁知蚊子竟对我说：“橘子，我不是已经很淑女了吗？你为什么还要这么说我呢？”说完，蚊子就嘟起了嘴，似乎一副生气的模样。真是好心当成驴肝肺，我明明只是让她注意形象，她倒好，还这么对我说话！我可真是被她气歪了鼻子！蚊子是那么的黏人，但我还是很喜欢她的。因为她可爱、俏皮，虽然有许许多多不足的地方，但我相信蚊子一定可以改正过来，成为一个完美的女孩！

最近，粽子和我说话的时间越来越少了，每次我主动上去找她说话，她都爱搭不理的。我关心粽子几句，粽子的眉头就会迅速地皱起来，在眉心打成一个结，然后十分不耐烦地对我说："好啦好啦，我知道了！"然后站起来，转身就走。我真是不明白，平日里形影不离的朋友就这样生疏了，我的心不禁疼了起来。难道真的是因为蚊子吗？可是我也不想冷落蚊子……这让我很为难。

美美姐姐，你可以帮帮我吗？我好烦恼啊！

十分烦恼的橘子

惜呆兔咪
圆桌会议
唉，谁遇到蚊子这样的朋友都会头大，要我说，三十六计，走为上计！
蚊子又不是什么坏孩子！她只是因为朋友很少才会很黏橘子的。
是啊，如果连橘子都不愿意和蚊子做朋友，那蚊子就太可怜了。惜城你太自私啦！
可是你们没看到蚊子让橘子很烦恼吗？为了蚊子，橘子失去了自己原本的朋友粽子。
说得也有道理，好难办啊！阿呆，你怎么看？
我……我也不知道，我们还是问问阳光姐姐吧。

阳光姐姐的回信

亲爱的橘子，很高兴收到你的来信，很高兴认识你。

哈哈，你一定觉得很奇怪，为什么你的信里写满了烦恼，我读完以后却这么开心。这是因为，我觉得你的烦恼其实是一种很甜蜜的烦恼，在你的来信中，我得知蚊子是一个可爱、俏皮的小姑娘，你也很喜欢她。被自己喜欢的朋友“黏着”，这其实是一件挺甜蜜的事，对吗？你在蚊子的心中如此重要，是因为你善良而且充满正义感。你愿意包容她身上的一些小毛病，能看到别人看不到的她身上可爱的闪光点，在蚊子被欺负时，你也会勇敢地挡在朋友面前，为她出头。我想说，你真的是个很棒的朋友，为你点赞！

比起你的勇敢来，蚊子似乎是个有些怯懦的小姑娘。她不擅长与人沟通交流，因而除了你之外没有什么朋友；她不能充分展示自己的优点，在别人的眼里，她似乎没有什么闪光之处；她没有勇气保护自己，在受到同学欺负的时候，只能拉着你当挡箭牌……她的这种胆小的性格给你带来了不小的麻烦，让你冷落了其他的朋友，让你得罪了班里霸道的女孩子，被其他同学排挤。我很能理解你的这种烦恼。

不过，在我看来喜欢公主并不是什么幼稚的事情，公主优雅、美丽、善良，身上闪耀着让所有人喜欢的光芒，蚊子之所以这么喜欢公主，就是因为希望自己也能变得和公主一样吧，这是一个美好的愿望。蚊子是个不够完美的朋友，不过我们谁又是完美的呢？我们不能因为她的长相不够漂亮就取笑她，不能因为她的性格不够惹人喜爱就轻视她。我们每个人的成长都离不开别人的帮助，既然蚊子是你的朋友，那么我们一起来想想办法，帮助蚊子从“灰姑娘”变成受大家欢迎的“公主”吧！

首先，帮助蚊子展现出她的优点，这是让她获得好人缘的第一步。每个人都有自己独特的闪光点，也许蚊子拥有一两种不错的才艺或者在体育方面有某些特长？如果是这样的话，在班级的联欢会上，在学校的运动会上，你都可以积极鼓励蚊子报名参加。这样，既能让她获得自信，也能让其他同学更多地了解蚊子，欣赏蚊子。当蚊子有了更多的好朋友后，她也就不会一直紧紧黏着你啦。

第二，在蚊子受到欺负的时候，鼓励蚊子勇敢地自己面对问题。当蚊子拉你当挡箭牌躲在你身后时，你可以把蚊子拉到你的身边，教她如何解决问题。不要因为别人傲慢无礼的态度和语气而生气吵架，要保持冷静的态度，这样才能把道理讲清。如果雪儿太过蛮横，就让蚊子去办公室请老师来解决问题。蚊子越是害怕雪儿，越是容易受到欺负。只有她自己勇敢起来，才能让其他同学平等友好地对待她。

我想，当蚊子变得越来越勇敢，在大家的面前展现出越来越多的优点时，你的好朋友们也会开始接受她，蚊子会成为你们共同的好朋友。当你给予蚊子温暖的帮助时，蚊子会变得越来越自信可爱，而你也会变得更加冷静、聪慧。你们将在友谊中共同获得成长，也许很多年后，你们经历了毕业，走向工作岗位后还会黏在一起，那可真是一件非常美好的事情啊。

有一个美国富翁，一生在商海打拼，几经沉浮。终于在暮年积累了一大笔可观的财富。在临终前，他决定了一套特殊的财产分配方案。他告诉10个儿子，他一共拥有1000万，可以分给每个人100万。但现在需要一人帮他独自处理葬礼事宜，并且以他的名义捐给福利院40万。作为回报，他将介绍他生命中最好的10个朋友给那个儿子认识。

所有的儿子都觉得这是笔不划算的买卖，所以都保持沉默，深恐摊上这个费钱费力的活。

过了一会儿,富翁最小的儿子——费兰克·梅维尔，他看到局面僵持，主动站出来说:“我愿意为您操办丧礼。”富翁很高兴，按照承诺，将10个好朋友都介绍给梅维尔认识。

富翁去世后，他的儿子们拿着各自分得的遗产生活。因为他们都大手大脚惯了，钱很快就花完了。最惨的是梅维尔，不善于理财的他，最后账户上就剩了 100 美元。

走投无路时，他想起了父亲给他介绍的 10 个朋友。于是他联系这些人一起吃了顿晚餐。

在吃了一顿简单的晚餐后，父亲的那些朋友们很高兴地说："你的父亲是我们亲爱的朋友，他生前和我们相处得很愉快。你又是他 10 个儿子中唯一记得我们的，我们很愿意帮助你。"

接着他们商量了一下，每人提供给梅维尔一头怀了小牛犊的母牛和 1000 美元，作为他创业的资金。又给了他很多生意上的指点，让他了解如何投资与理财。

在这些老友们的帮助下，梅维尔在经商时顺风顺水。因为他们将多年经商的经验倾囊相授，毫不保留，所以梅维尔的生意做得很成功。成功后的梅维尔感慨道："我父亲告诉过我，朋友比世界上所有的金钱都珍贵，比坚硬的钻石还要恒久。这话一点儿也不错。"

后来梅维尔的生意越做越大，变得比父亲还要富有。但他一直保持着和父亲的那几位老友之间的联络，因为他知道朋友是笔宝贵的财富。

每个人一生中真正的朋友的数量屈指可数，首先我们要珍惜每个值得交往的朋友。

其次，朋友很黏人确实是种问题，但另一方面，是不是说明她很喜欢你呢?

既然她喜欢你，你就更应该妥善处理，鼓起勇气和她沟通。如果隐藏在心底或是一味地抱怨，对你们的友谊来说，并没有什么好处。随着时间的累积，只会更加激化矛盾。

在这个世界上，友情是很美好的一种感情。它让人在困境中能得到慰藉，快乐时有人分享喜悦。

换个角度想，你有个黏人的朋友，其实是种很幸福的事。不过，如果你真的觉得朋友的黏人，你无法忍受。就要勇敢地和他交流。但是一定要注意方式方法，如果因为方法不当，失去一个好朋友可是很不划算呢，因为一份真诚的友谊比一颗钻石还要珍贵。

成长箴言笔记本

当你觉得朋友很黏人时，说明你们的友谊出现了一些问题。但你一定要珍惜你们的友谊，最好不要因为小问题处理不好，伤害了你们的友谊。

最好的朋友是那种不喜欢多说，能与你默默相对而又息息相通的人。

——［苏联］高尔基

朋友交好，若要情谊持久，就必须彼此谦让体贴。

——［英］乔叟

真正的朋友不把友谊挂在口上，他们并不为了友谊而互相要求点儿什么，而是彼此为对方做一切办得到的事。

——［俄］别林斯基

心灵加油站

当你认识了一个人，你想跟他交朋友，那你会想了解他的哪些方面呢？（ ）

A. 功课和成绩

B. 星座和个人资料

C. 家庭状况

D. 兴趣和嗜好

结果分析

A. 在乎朋友指数：20% 。你是个现实的人，你根本就不怎么在乎你的朋友。当你的朋友跟你说他的成绩不好，你一定会对他很冷淡，不理他，所以你必须得试着了解他。

B. 在乎朋友指数：40% 。你算是蛮会照顾朋友的人。当朋友有难，你会帮他，但缺点是，当你眼前有利益时，你会完全忽略了你的朋友。

C. 在乎朋友指数：50% 。你也很在乎你的朋友，尤其是他的成长环境。你不想让你的朋友受到伤害，你是一个非常在乎朋友的人。

D. 在乎朋友指数：99% 。哇，你是一个难得一见的忠实好友！在你的心里，有难同当是不可缺少的，也就因为这样你的朋友会越来越多。

朋友是我们一生中最宝贵的财富，一定要和朋友好好相处！

好朋友依依

我是一名四年级的小学生，因为名字末尾有个“茵”字，所以您可以称我为“绿草如茵”。

首先，我要介绍一下我自己。

“有一个姑娘，她有一点儿任性，她还有一点儿嚣张；有一个姑娘，她有一点儿叛逆，她还有一点儿疯狂。”我一直觉得这段歌词写的就是我。我，一个十足的假小子，因为我活泼、好胜的假小子个性，所以我有很多的朋友。

但要说最好的朋友，还真的只能是她——依依，和我做了两年同桌的可爱女孩。

我是在二年级时转到现在的学校的，我刚转过来时，由于我长得高，就和也长得高的依依成了同桌。她很好相处，我们一起玩游戏、做作业，依依的存在让我消除了对新班级的陌生感。

有一次，大家排着队下楼去上科学课，我正得意地往前走着，一不小心绊到了前面同学的脚，摔在地上，磕破了皮，痛得我哇哇大叫。同学们都大惊失色纷纷避开。依依看见了，急忙跑过来，用纸巾压住了我的伤口，搀扶着我去医务室。

她的帮助让我心里暖暖的，从那时起，我们便成了无话不谈的好朋友，整日形影不离。

但最近的一件事，却让我和依依之间产生了一些不和谐的音符，我心里很难过，所以想让阳光姐姐帮帮我。

该不该道歉

有一次体育课，老师在一段集体活动后，让我们自由活动。这可是我们最盼望的时刻，我们就像是撒了欢儿的小野马，在操场上尽情地玩耍、飞奔、追逐。

以往每到这时候，我和依依总是形影不离的。依照惯例，我一边跑，一边喊着："依依，依依，等等我，等等我！"但不知什么原因，这次依依竟然没有理我，只顾着和她周围的同学游戏、追逐。旁边好事的男生喊道："呀，连体婴儿少了一个，你被抛弃了！"

好胜的我更是觉得丢了面子，看着她在跟其他人开心地玩耍，我赌气地大喊道："有什么了不起，我要跟她绝交！"依依听后看了我一眼，悠悠地说道："好吧。"她竟然没有来和我解释。"绝交就绝交，谁怕谁呀！"我自言自语道。

依依的反应显然刺激到了我，从那以后我就不理她了。曾有几次我觉得她试图挽回我们的友谊，她一直在靠近我，让别人劝说我，但是任性的我却没有理睬。

那段时间我的心情非常烦躁，怒火已经让我丧失了理智。原来看到她哭，我都会上去安慰她，可是，那件事以后，我看到她哭，就有点儿厌烦她，心里还想：“她怎么这么懦弱？当时我怎么还和她交朋友？”

那段时间，我感觉到自己的心里好像缺少了什么似的。放学后我一个人悻悻地走回家，少了一个好朋友，我觉得好寂寞，好孤独，我的心情如同一堆乱麻。渐渐地，我意识到自己错了，自己不该那么冲动，觉得自己应该去给依依道歉，但我还是拉不下这个脸。

肠子都悔青了

有一次，她从托管中心回到学校。一进教室，她就发现自己的椅子不见了，怎么找也找不到，无助的她便哭了起来，她很伤心。我见她哭了也很着急，到处找她的椅子。这时，班里的其他同学都帮忙找了起来，功夫不负有心人，我们终于找到了依依的椅子。看着同学们寻来的椅子，她笑了。

我也很想和班里的其他同学一样，上前同她一起分享失而复得的喜悦。但是，难为情拉住了我的脚步，我还是选择了悄悄地关注她。

渐渐地，我离她越来越远，我想靠近她，又不敢靠近她。有时，我鼓起勇气靠近她，想和她说说话，她的不理不睬又将我推了回去。每次她不理我，我都很想哭，但是我没有哭，因为我不想让别人看见我满脸泪痕。

怪我自己，如果我当时不说那些赌气的话，她就不会不理我了，我们就还是一对形影不离的好朋友，也不会弄得谁也不理谁。我的肠子都悔青了。

失去好朋友

时间渐渐过去，我发现，我好像真的要失去这个好朋友了。每天晚上，我躲在被子里想着我们一起度过的两年时光，想着依依对我的种种好，我们一起谈天说地，我们一起努力学习……

想到我要失去这么好的一个朋友，我就忍不住地哭了。正如邓丽君的歌词“人生几何能够得到知己”，而我却如此不知道珍惜，是我没有好好保护这份单纯而真挚的友谊。为什么我要跟她绝交呢？假小子的我从小就好胜要强，我做了的决定，从不会改变。可我现在后悔了，我想收回我的话，我想和依依和好，我好想跟她说，那些只是我冲动的话语，我们和好吧！

可是，一次次的尝试，一次次的拒绝已经让我鼓不起勇气了。我不敢面对她，我也怕拉下脸来和她道歉，她还是不原谅我，那我多丢脸呀！阳光姐姐，我该用什么方式去跟她表达呢？她会原谅我吗？我们还能做回好朋友吗？恳请阳光姐姐帮帮我，盼回信。

祝您身体健康，永远有着一颗童心！

困扰的绿草如茵

惜呆兔咪
圆桌会议
真是不懂你们这些女生，明明想要和好，还死要面子活受罪！
女生们脸皮都很薄啊，哪像你们男生，脸皮厚无所谓。
嘿嘿，脸皮厚的人是阿呆，他脸皮下藏着厚厚的脂肪，哈哈哈！
反正我是不觉得这有什么难办的。
阿呆你有什么好主意可以帮帮绿草如茵吗？
当然，没有什么问题是一个炸鸡腿解决不了的！
呃……如果有，那就用两个炸鸡腿！

阳光姐姐的回信

绿草如茵你好！我很喜欢你的这个名字，读起来，我仿佛闻到了青草的香味，让人觉得清凉而舒服！我想你为自己取了这么一个名字，也一定希望自己能改掉任性火暴的性格，成为一名好脾气的女孩子，对吗？

说起你们“绝交”的事，这还真不能怪依依。她只是在体育课上和别人玩得开心，一时忽略了你。可是依依并不是你一个人的朋友，她是大家的朋友。你因为这么一件小事就轻易地说出“绝交”这个词，这会让依依非常伤心的。

我想你已经认识到了自己的缺点，你的任性，让你和最好的朋友“绝交”了，你的火爆脾气，让你一次次拒绝了依依试图和好的举动，将好朋友越推越远。所以，你的脾气真的要改改了，如果不改，即使你们和好了，依依还会一次次因为你的脾气受到伤害，而你将来也会因为自己的脾气失去更多，到那时，可真是会后悔莫及的。

其实改掉自己的坏脾气并不是件难事，你可以在手腕上套上一根橡皮筋，每当你想生气发火时，就拉起橡皮筋弹自己一下，提醒自己，让疼痛感暂时转移自己的怒火；当你再想说什么伤人的话时，努力站在对方的角度为别人想一想，如果说出这样的话会造成什么后果，或者在心里默念几遍绕口令，努力让自己的怒火平息下来。等到情绪完全冷静下来，再处理问题。可能一开始压下自己的脾气比较难，不过努力尝试几次后，我想你会慢慢学会控制自己的脾气。

除了以上那些方法，我还建议你培养一些安静的兴趣爱好，比如学学书法，听听节奏缓慢、优雅柔美的轻音乐，还可以看看书，钓钓鱼，这些都能让你的脾气变得柔和起来，对你改掉“躁脾气”很有好处。

如果你有信心能改掉坏脾气，那么你和依依重新和好成为朋友是很有希望的。因为在你的信中，我能看出来，她其实也很舍不得你，希望跟你和好。她只是因为你的脾气和态度还在生气。所以，你要放下自己的“面子”，积极主动地去修复你们的关系。

其实和好的方法有很多，你也可以像她那样，请同学来劝说她，或者将自己的歉意写成一封信，偷偷地放在她的课桌抽屉里。对了，你在信里提到的那些你们之间的友谊故事非常打动我，我想你也可以将这些故事写在给她的信中，她也会回忆起你们在一起的美好时光，感受到你的真挚感情。下一次在她需要帮助的时候，你要主动大方地上前帮忙，不要不好意思，也不要因为她一时不原谅你就灰心丧气，你做得多了，她自然会被感动，会重新原谅你的。

加油吧，绿草如茵!

成长故事袋

在美丽的大森林里，有一对好朋友，刺刺和猬猬。刺刺住在茂密的草丛里，猬猬住在暖和的树洞里。它们每天一起上学一起放学，一起去山坡上觅食，一起去田间玩耍。日子过得可快乐了。

有一天傍晚，在玩累了各自回家的时候，刺刺对猬猬说：“我在书里看到，好朋友之间分别是要拥抱的，我们是这么好的朋友，可是我们都没有拥抱过！”

猬猬咧开嘴巴，露出了大大的笑容：“对啊对啊，我们来拥抱吧！”说着就立即扑到了刺刺的身上，刺刺也张开怀抱，准备迎接猬猬。

可令它们没想到的是，因为各自身上长满了刺，他们根本没办法紧紧地拥抱在一起，不然会刺伤对方的。

刺刺非常沮丧地说：“我想要和你亲密一点儿，可是我们却做不到。”

猬猬摸了摸刺刺的头：“没关系，我们依然是好朋友，这才是最重要的！”

过了很久，刺刺和猬猬终于找到了一个合适的距离，这个距离，可以让它们互相搂着对方，虽然有点儿远，但它们终于可以既亲密又不被刺扎着了。

两只刺猬的故事告诉我们，在和朋友交往的时候，发生摩擦乃至冲突都是正常的，彼此适当地保持一些距离，多为对方着想一点儿，有时候，可以让友谊更加牢固。

但是，如果你的朋友和你不是“一路人”，你们也找不到一个“合适的距离”来相处，这时候，要好好考虑一下这个朋友到底还值不值得交往了，毕竟一个不合适的朋友，可能会给生活带来不小的麻烦。

在这方面，我们可以学习一下“割席断交”这个故事。

在我国魏晋时期，文人活得随心所欲，他们不慕名利，不被世俗牵绊。当时有这样一对好朋友，他们叫管宁和华歆。

有一天，他俩一块儿去园中锄草。管宁拿起锄头，挥了几下，碰到了一个硬邦邦的东西。挖出来一看，是块黄灿灿的金子。管宁面不改色地又扔回地上，嘴里念叨着："我以为是什么呢，一块金子罢了，怪不得这么硬。"

不远处的华歆见管宁挖出了金子，立即丢下锄头就冲过来，捡起金子仔细端详。

管宁见状，劝诫华歆说："这块金子不是我们通过劳动获得的，不劳而获的财物不能要。"

华歆嘴里嘟囔道："你说的道理我都懂。"可是手上就是舍不得放下这块金子。

他对着这块金子左瞧瞧右看看，始终不想放下。最后因为实在受不了管宁的责备，才把金子扔了。但扔完金子后，华歆全身的力气似乎被抽空了，也没心思锄地了，就在一旁唉声叹气，想着那块金子。一边的管宁见状，只能摇了摇头，继续锄自己的地。

管宁和华歆还经常在一起看书，有一次，他们两人坐在一张席子上，正看书看得入神，外面人声忽然沸腾了起来，一阵阵轰隆的锣鼓声和喧闹的喇叭声从远处传来。

管宁神色如常地继续读书，华歆却忍不住跑出去张望。

原来是一位高官从此处经过。四匹骏马拉着一辆装饰豪华的马车，马车的车身用的是金丝线和绸缎装扮。还有一大堆随从穿着统一的服装前呼后拥，场面十分壮观。

华歆挤在人山人海中，心情十分激动，他连忙跑回屋子，喊管宁一起去看热闹。管宁埋头读书，不肯出去。华歆拉扯了好久，最后看马车队要走了，才放弃劝管宁，独自冲出去，跟在马车后面，随着人群欢呼。并想象着自己变成那位高官，坐在马车上招摇过市，好不气派。

管宁看到华歆的所作所为，失望透顶，觉得华歆和自己不是一路人，实在有负“高洁”之名。等到华歆终于回来后，管宁当着华歆的面，将草席一割为二。然后坚决地说：“你我两人的志趣实在太不一样了，今后我们二人的友谊也如这草席般，一刀两断。”

后来，华歆受不了功名利禄的诱惑，投靠了曹丕的阵营，帮助曹家颠覆了汉朝，为当时正直的文人所不齿。而管宁一直保持着自己“高洁”的名声，深受世人的尊重。

古人有一句话：道不同不相为谋，说的就是这个道理。

当发现朋友缺点的时候，勇敢地说出来，其实才是真正地为对方着想。当发现交错了朋友，及时远离，才是正确的做法。因为一对真正的朋友，需要有相同的志向和兴趣，并且互相促进，共同进步。如果对方不仅不能促进你，还会拖累你，那么这样的朋友，也就没有交往的意义了。

成长箴言笔记本

当你和朋友交往出现问题时，你首先要检讨自身的错误，多学会站在他人的角度想问题。当你发现你真的交错了朋友，那就要拿出断交的勇气。

重要的不在于你是谁生的，而在于你跟谁交朋友。

——［西班牙］塞万提斯

只要你告诉我，你交的是些什么样的人，我就能说出，你是什么人。

——［德］歌德

真正的朋友是一个灵魂寓于两个身体，两个灵魂只有一个思想，两颗心的跳动是一致的。

——［古希腊］荷马

心灵加油站

你是一位世界知名的超级模特儿，计划拍一本具有纪念价值的写真集，你希望这本写真集的封面场景在哪里拍摄？（ ）

A. 冰天雪地的北极

B. 热情如火的夏威夷

C. 原始风味的非洲

结果分析

A: 你是一个不折不扣的独行侠，在这个世界上，能被你信赖的人，真的是少之又少。在你的观念里，友情是一种负担，而不是幸福。

B: 朋友即使不像家人有血缘关系，却可能是影响自己一生的人，所以你非常重视朋友，常常关心朋友的生活情况。

C: 在你的认知里，能谈得来的、够真诚的，才能叫作朋友，你对于朋友的挑选是很严格的，你的人际关系不错，但是你很清楚谁才是对自己真心的好朋友。对于经过考验的知心好友，你会不求回报地加倍付出。

与朋友的交往比普通的人际交往更重要，切不可掉以轻心！

男女生的战争

亲爱的阳光姐姐，这是我第一次给您写信，我的心里别提有多激动啦，请允许我先下楼跑几圈，去平缓一下我激动的心情。

平静下来后，我就得向您倾诉我的烦恼了（撇嘴叹气），故事很长，希望阳光姐姐耐心地听我慢慢说。

我以前看过《三国演义》这本书，里面讲的是群雄割据混战的故事，天天除了打仗就是打仗。我们六（3）班呢，虽没有魏蜀吴三国那么兵强马壮，但也像三国故事一样，狼烟四起，战火熊熊啊。阳光姐姐你都不知道，我们班的情况有多复杂，就像一个小江湖一样，平时拉帮结派的人非常多，尤其是男生与女生，更是最大的两派，可以说水火不容。

我作为班长，管理这样的班级实在是很吃力啊。

男生呢，以我的前桌二猴子为首，组成了一个“冠盖二校”好汉帮，意思就是他们是我们二校最厉害的（哼，真不害臊呢）。女生呢，因为我是班长嘛，于是大部分人就向我靠拢。

老师发给我一本班级纪律本，让我记下课堂上爱说话的学生。

“冠盖二校”好汉帮那些人，经常出现在我的本子上，因为他们实在是太爱说话了，上课的时候也闹作一团，打扰别人。有时候我会当面制止，让他们别再说话，二猴子总是一副无所谓的态度，甚至还叫嚣着说：“有本事你就记我的名字啊！胆小鬼班长！”

是可忍，孰不可忍！于是我果断记下他们的大名。

婉约派和豪放派

有一次语文老师在课上给我们讲宋词，说到两个诗词流派，婉约派和豪放派的时候，二猴子突然转过身来，捂着嘴冲我和同桌叶子不怀好意地笑。

我用严肃的目光示意二猴子：现在是上课时间，不许说话！

可二猴子根本不在意，他用老师听不到的声音对我说："你，就是一个豪放派，母夜叉！"语气里充满着嘲讽。

哼，我才不在意他说的话呢，冲他翻了个白眼，便专心盯着黑板认真听课了。

他见我不搭理他，也只能悻悻地回头了。

二猴子就是这样，经常喜欢挑衅别人，尤其喜欢挑衅女生。别人越是搭理他，他就越来劲，唉，我们女生都挺烦他的。

虽然我刚才没拿他怎么样，但可不是宰相肚里能撑船，大人不计小人过哦。一下课，我就赶紧拿出班级纪律本，潇洒地在上面大笔一挥：语文课王浩（也就是二猴子）不仅大声说话，还嘲笑同学，给同学起外号。

对付二猴子这种人，必要的时候采取纪律措施而不是暴力手段，是我这个班长的人生信条，嘿嘿。

可是这一幕却被回头的二猴子看见了，他立即站起来，瞪着眼睛，恶狠狠地说：“你敢记我的名字？”

二猴子其实并不像猴子一样瘦，相反他又高又壮，就这么居高临下地看着我，搞得我心里有点儿怕。但我可是班长，不能怕，我强装镇定地说：“我只是秉公处理，你上课说话我就记你名字。”

叶子被气哭了

“拿着鸡毛当什么令箭呢！你以为你是谁？”

“是啊，你以为你是谁？不过是一个黄毛丫头，竟然还敢管我们好汉帮！”好汉帮的成员们个个“义愤填膺”地聚集在一起，向我发难。一个男生甚至撸起了袖子，做出要打人的架势。

我也不是好欺负的，于是把书本重重地拍在桌子上，也撸起了袖子：“要打架吗？”

其他女生一看气氛不对，纷纷赶到我身边来支援我。

叶子这时站起来指责他们说：“你们太过分了，难道还要打班长吗？”

这下糟了！就因为叶子的一句话，他们将攻击的矛头全部转向她，因为叶子性格最柔弱，最好欺负。

“哎哟喂，你还来管闲事呀，先把你的‘小男朋友’管好吧！”二猴子阴阳怪气地说。

“哈哈哈哈……”周围的男生顿时爆发出了一阵笑声。

叶子的脸涨得通红，她大声说道：“你们瞎说什么？”

我也看不下去了，用力一推二猴子：“你今早没刷牙吗？嘴那么臭，还专门欺负女生！”

二猴子伸长脖子：“哼，我说的本来就是事实，她和二班的王童蒙在‘谈恋爱’，我亲眼看见他俩手拉手，还共同打一把伞的！”

“你胡说，你胡说！”叶子又气又羞，一会儿就发出了呜呜的哭声，边哭边向外跑。

我赶紧去追她，二猴子还在我们身后大声嘲笑着：“哈哈哈，没脸见人了吧！”

我的困惑

那天叶子哭了好久好久，我才知道原来王童蒙和叶子从幼儿园起就是好朋友了，而且又是邻居，他们在很小的时候天天在一起玩。可是渐渐长大了，叶子就不敢和王童蒙在学校里走得太近，因为会被其他同学指指点点。

昨天下午突然下大雨，叶子忘记带伞了，刚好在校门口碰见了打着伞的王童蒙。王童蒙就说“我们一起回家吧”。叶子一看雨势那么大，两人又是顺路，于是就和王童蒙共打一把伞回家了。

也许这一幕被二猴子给看见了。

第二天，全校人都知道了叶子和王童蒙“恋爱”的事情，一时间流言蜚语满天飞，甚至连班主任也被惊动了。虽然我向班主任和同学们解释，这只是一场误会，但关于早恋的话题，还是在班上谈起得越来越多。

叶子和王童蒙彼此再也不敢说话了，而班上的其他男生和女生，也因为这件事，不敢在一起愉快地玩耍了，甚至每天都会吵个不停。

阳光姐姐，这就是我的困惑。我不知道为什么，现在的小孩子都这么喜欢骂人、打架，甚至传一些流言呢？为什么男女生相处起来这么困难呢？难道男生和女生就只能当敌人吗？但是走得太近又会被传成早恋。唉，我都不知道该怎么办了。

困惑的晓琳

惜呆兔咪
圆桌会议
其实晓琳的困惑，好像就是我们的困惑啊！
对呀，我们班也有一些喜欢骂人、打人的男生，甚至会有一些莫名其妙的流言传出来。
说明现在的小孩子都很早熟呀，懂得挺多。
呃……说得好像你不是小孩子一样。
我当然不是，我是成熟又帅气的惜城！
难道不是早熟不帅气的惜城吗？不过呢，现在的小孩子普遍都很早熟。

我觉得晓琳作为班长，应该把这件事情告诉老师，让老师帮忙解决一下男女生之间的矛盾。
可是二猴子那帮人如果报仇怎么办呢？他们会打人的。
那就让他们私下里解决吧。
处理得不好也会发生问题啦。
真是头疼，看来只有请阳光姐姐来出主意了。

阳光姐姐的回信

晓琳你好，从你的来信中，我能读出你是个聪明优秀的女孩子，正因为这样，所以你才会被老师选为班长，成为老师得力的小助手吧。

你们班里男女生分为了“两大派”，水火不容。男生以王浩为首，而女生则聚集在你的周围。你既然很头疼班级里“拉帮结派”的现象，那你有没有想过，男女生两大阵营的对立，你也负有一半的责任呢？毕竟，因为你是班长，女生们是以你为首的。

我总结了一下，你们班里的男生们的确有很多缺点，上课爱说话打闹、爱给同学起外号、爱传流言“绯闻”，甚至还会打架。因为这些缺点，女生们不喜欢男生们。我们反过来再想想，男生们同样对女生们的态度也很不友好，是否因为女生们身上也有些不好的缺点呢？

你在来信中认为，给同学起外号是一种嘲笑同学的行为，可是你的全篇叙述中，都把王浩同学称作“二猴子”，这说明你也这么喊习惯了他的外号，显然这个外号并不可爱，那么，你是否也在嘲笑、伤害王浩同学呢？你不喜欢男生们打架的行为，可是你“也不是好欺负的”，也会将“书本重重地拍在桌子上，撸起了袖子”做出要打架的样子，并且带动了很多其他女生和男生形成紧张的对立局面。从这些看来，你作为班长，管理班级的方式方法，似乎也有些问题呢。

如果你认识到了自己的问题，并且愿意改正，想做一名受全班同学（不止是女生）欢迎的班长，那么，我们接下来再聊聊如何停止这场“永无休止的班级战争”这个问题。首先，要改正自己的问题，赢得男生们的信任。“己所不欲，勿施于人”，不要再喊王浩的外号，遇到问题要冷静处理，不许再“拍书”“撸起袖子”，公正对待男生女生，不要在女生之间建立“小团体”。

第二，顾全大局，和男生一起管理班级。要能看到男生们的优点，不要用对立的心态和男生相处。既然王浩同学在男生中很有威信，你可以建议老师，邀请王浩同学和你一起来参与班级纪律的管理，一起处理班级事务，和他从“敌人”变成“伙伴”。

第三，遇事冷静，注意沟通技巧。不要只采用带有威胁性质的“记名字”来管理班级，这样不能让同学们从心底里对你服气。多采用私下沟通交流的方式解决问题，要用平等的语气、诚恳的态度好好说话。

第四，多多帮助男生。只是共撑一把伞回家，就传出了“绯闻”，可见平日里男生和女生之间的嫌隙和隔阂有多大。作为班长，你要带头多多帮助男生，让男女生之间互帮互助成为常态，有“绯闻”传出，也可以心平气和地解释这只是朋友之间平常的互相帮助，之后，该怎么相处还是怎么相处。

希望我的回信对你有所帮助，祝你成为人见人爱的好班长！

成长故事袋

美丽的大森林里来了一位新老师，大熊先生。他戴着一副眼镜，显得非常斯文与温柔。

这个新老师来上课的第一天，就发现了一个严重的问题：班上的男生女生不喜欢在一起玩，而且如同敌人似的分成两派。

大熊先生推了推眼镜，认真思考了一会儿，就想出了一个好主意。

第二天上课，大熊先生说："今天老师想改变一下，大家可以随便选择座位，你想和谁坐就和谁坐，想坐哪边就坐哪边，明白吗？"

所有人都觉得很奇怪，因为教室的桌椅被安排成左右两边的格局，而不是像平常一排一排的。但大家还是快速地去选座位，教室里吵吵闹闹的，不一会儿，所有学生都坐好了。

大熊先生轻轻咳了咳问道："你们都选好了吗？"

"是！"学生们高声回答。

"但现在男生和男生坐在了一起，女生和女生坐在了一起，你们觉得这样好一些是吗？"

"是！"大部分学生愉快地答道。

"为什么？能告诉我原因吗？"大熊先生温和地看着学生们。

小兔子莉莉举起手说："因为我们都长大了，不能在一起玩了。"

小马雷雷也站起来说："因为我妈妈说不要和女孩子走得太近。"

又有几个学生说了原因，什么"女生可以在一起跳皮筋啊""男生可以在一起踢足球啊"……

大熊先生继续提问："很好，你们都和我说了很多原因，但还没有人告诉我，你不想和女生或男生玩的真正原因是什么，是女生们不好吗？"

男生们摇摇头。

"那么，是男生们不好吗？"

女生们也摇摇头。

“那你们为什么不想和对方玩？”大熊先生皱起了眉头，似乎很困惑。

这时，鹦鹉妮妮说道：“老师，我不和男生在一起玩，是因为我觉得男生脾气都不好。”

大熊先生示意妮妮继续说下去，妮妮很快打开了话匣子：“比方说今天早上，我跟同桌朗朗说他妈妈让他记得吃早饭，因为朗朗总是不爱吃早饭，他妈妈很担心。可是朗朗却冲我说多管闲事，我觉得他这是把我的好心当成驴肝肺。”

“不是的！”妮妮的话还没说完，朗朗就迫不及待地站起来，“她当着那么多人的面和我说，让我很没面子啊，所以我一气之下才对她说多管闲事的。而且我觉得明明是女生脾气才不好嘛！昨天下午我不就用了一下妮妮的橡皮，她就对我大吼大叫，太小气了吧！”

“你用妮妮的橡皮，和她说了吗？”大熊先生问道。

“对啊，你都不跟我打个招呼。”妮妮轻哼了一声。

“这个为什么要和你说呢，我们男生之间才不会说呢，只有女生才这么斤斤计较！”朗朗噘着嘴一脸不开心的模样。

大熊先生比了个暂停的手势，打断妮妮和朗朗想要继续下去的争吵，他说：“不是女生爱斤斤计较，而是大家的思考方式不一样，我们为什么就不能尊重一下别人的想法呢？”

紧接着，大熊先生走到朗朗身边：“我听说，你和妮妮从小一起长大，其实是很好的朋友，可是现在，你们为什么要和对方疏远呢？”

朗朗的脸慢慢变红，过了一会儿才小声说：“因为大家会说我们……”

大熊先生心里顿时明白了，他摸了摸朗朗的头，然后走回了讲台：“可是同学们，你们现在回忆一下，在你们小时候，男生和女生是不是经常在一起玩？”

大家歪着脑袋认真思考，然后教室里传来了轻轻的一声“是的”，紧接着更多的人肯定地点点头。

“你们现在长大了，男生和女生渐渐有了很多不同，所以女生只跟女生玩，男生只跟男生玩，这很正常。因为同性同学间有共同的兴趣爱好和话题。你们也会和异性产生矛盾甚至冲突，但这都是正常的，因为对彼此的不了解，才会产生隔阂嘛。”

“现在呢，我们就来加深一下对男女生之间的理解好吗？”大熊先生走到女生这一边，“谁先来和我说一下男生和女生有哪些不同的地方呢？”

“我！我觉得男生比女生高！”

“男生虽然有时候很鲁莽，但确实比女生勇敢。”

“男生力气大，可以做很多很多事情。”

…………

女生们七嘴八舌，不一会儿就列举了很多不同的地方，大熊先生笑了笑说：“很好，你看，不知不觉，你们说的都是男生的优点。那现在，我们男生也来说一下女生的优点好吗？”

“女生都比较温柔，心思也很细腻。”

“她们记忆力好，背书可快了！”

“女生们做事比较认真，特别乖巧懂事。”

…………

男生们也说了很多，大熊先生点点头，然后话锋一转：“一个家庭应该是什么样的？”

“有爸爸和妈妈，还有小孩儿！”小松鼠翘着尾巴说道，“我们家就是这样的。”

“对，重要的是要有一个男人和一个女人是吗？如果只有爸爸呢？”

小松鼠耷拉着眼皮：“那家庭就不幸福了。”

“对，同样的，如果只有妈妈，那家庭也不幸福。所以，你们觉得男生和女生是应该和平相处，还是天天势同水火呢？”

“应该和平相处，互帮互助！”学生们大声地回答。

“所以你们现在还要分开坐吗？”

哗啦啦，学生们纷纷起身，有的男生走到了女生中间，受到了热烈的欢迎。平日里互相仇视的男女同桌，也开始握手言和。因为他们知道了男女生各有各的特点，以后要大方、诚恳地交往。

男女生交往既要反对“男女授受不亲”，同时也要男女有别，注意分寸。

一位妈妈在给女儿的一封信里就这样说道：

“你可以喜欢一个男生，但你要喜欢的不是这个人，而是他身上不同于你的勇敢、坚强以及绅士般的礼貌。你可以和男生一起玩，但你们最好不要单独出去约会。我们都不喜欢青苹果，因为它还没有成熟，味道苦涩。青苹果只有不断汲取阳光，经过光合作用，才能成为散发着诱人香味的红苹果。"

男女生虽然会吵架，会有一些矛盾，但如果变成朋友，是不是也是一件令人愉快的事呢？

成长箴言笔记本

男女生交往的本质问题，其实就是如何正确而有分寸地与人相处。与其断绝交流，不如坦诚大方地与别人进行沟通。

交朋友就是平等相待，以诚相处。

——丁玲

理解绝对是养育一切友情之果的土壤。

——［美］威尔逊

一个永远不欣赏别人的人，也就是一个永远也不被别人欣赏的人。

——汪国真

心灵加油站

1. 一个天气很好的周末，你要去朋友家，有两条路可以选择，一条是光明大道，风景明媚；一条是便捷小道，可以很快到达。你选择哪条？（　）

A. 大路

B. 小路

2. 路上你看到了开着一大片美丽花朵的小花园，有白色和红色两种花，你只能选择一种采摘，你怎么选？（　）

A. 白花

B. 红花

3. 你到了朋友家，朋友在房间里，你带着花进去，你打算把花放在桌子上还是窗台上？（　）

A. 把花放在桌子上

B. 把花放在窗台上

结果分析

1. 选择大路说明你是一个心胸开阔的人，容易欣赏别人，并结交到很多朋友；选择小路说明你比较在乎自己的内心世界，不太关心别人的感受。

2. 选择白色的花，表示你希望别人对你付出更多；选择红色的花，表示你对别人付出更多。

3. 把花放在桌子上说明你很感性；把花放在窗台上说明你很理智。

测试只是娱乐，认清自己的性格，在人际交往中才能发挥更大优势！

苦恼来信

红包空了

呜呜呜呜……阳光姐姐,我最近真的好伤心好伤心啊!

我过年存下来的1000元压岁钱,本来是最让我高兴的小金库,可是现在……却成了我最大的烦恼。

说起来很复杂,希望您能耐心慢慢听我说。

我有个最好的闺蜜叫小奈。小奈最喜欢狗了,她很想养一只属于自己的小博美犬。您知道博美犬吗?就是全身雪白,像个小毛球,三角形耳朵扑棱棱的那种。

可是一只小博美犬最便宜都要八九百！好贵呀！

更糟糕的是，小奈的爸爸妈妈不许她养狗，说他们家住楼房，不方便带狗狗出去玩，还说什么他们工作忙，小奈又要上学，哪来的时间照顾狗……说了一大堆，就是不给她钱。

小奈说，她只有50元零花钱，那怎么够呢？

我这个人嘛，还是很仗义的。于是我当时就拍着胸脯说："没关系！我有1000元压岁钱，借给你！你以后慢慢还吧，十年后还给我，我都不收你利息！"

我觉得朋友有难，当然要出手相助啦！（此处可以尽情夸奖我）

再然后，我就把这事儿渐渐给忘到脑后去了。

直到有一天，妈妈给我收拾房间的时候，发现那1000元钱不见了。因为我平时都把它收在抽屉中的红包里，舍不得动的。现在那个红包空了。

我说出了真相

我妈妈当场就发飙了，揪着我的耳朵问：“1000元呢？你花去哪儿了？”

我想，怎么能把小奈供出来呢？我就含糊地说：“我借给班上的同学了。”

“哪个同学啊？让她还！”

我心里一急，就撒谎了：“她转学了。”

我妈妈又很凶地逼问我：“那总有电话吧？总有人家QQ吧？报给我，我让她还！你们这些孩子怎么一点儿金钱概念都没有！1000元是小数目吗？”

我真的吓坏了，又撒了一个谎：“我没有她的QQ，也没有电话，也不知道她转到哪个学校去了。”

要是我胡乱报一个学校，我怕妈妈真的会找过去！

妈妈一听，气得扬起了巴掌，她抓着我的肩膀，用力打在了我的屁股上。

“你这死孩子！那钱不是要不回来了吗？！你脑子

有毛病啊?!”她又伸出一根手指，用力戳在我的额头上，把我戳得往后退了好几步，差点儿摔倒。

我委屈地哭了，明明是助人为乐的好事，为什么到了妈妈这里，我就瞬间成了十恶不赦的坏孩子了呢?我妈妈平时就很小气，可是，压岁钱不是我自己的吗?我不可以做主吗?

第二天上学的时候，班主任突然找我谈话，我才知道，妈妈竟然打电话给班主任了!结果班主任说，最近班上根本没有同学转学，我的谎言被揭穿了。

就这样，我不得不说出了真相，我还是把小奈给供出来了。

结果下午的时候妈妈就气冲冲地找到班上来了，她直接找到小奈，要她还钱!

我在旁边一句话都不敢说，只听到我妈妈说什么“我早就听说你平时花钱大手大脚的，那你也不能找我家女儿要钱啊，做人要有脸皮有原则的……”。

完了，我想，我跟小奈的友情，一定会就此破裂的吧。

小奈说，钱她会想办法还，我妈妈这才罢休。

努力凑钱的小奈

我满脸通红地回到班里，头都抬不起来了。

我问小奈：“那个……钱你花掉了吗？还剩多少呀？”

她说：“花掉了，不过我会还给你妈妈的，你不要担心。”

她没有对我生气，我真的好庆幸！我真的不在乎什么1000元了，我只希望这件事可以顺利结束，希望小奈不会从此和我绝交。

我又问小奈：“那你买到小博美犬了吗？”

她没有回答我，而是开始向班里的所有人借钱，人家有100就借给她100，有20就借给她20……

她借了一圈，也才借到600多，离1000元还差得远呢。

我又问她：“所以你买了小博美犬吗？它长什么样子啊？”

她却很不耐烦的样子，避开了这个问题，而是念念叨叨地说："还差 300 多呢，我上哪儿借去呢？唉……"

我想了想，建议她还是告诉她爸爸妈妈吧。毕竟我们都是小学生，班里的同学已经把自己的零花钱都借给她了，就算她把钱还给了我妈妈，她也拿不出钱还给同学们呀！

可是她说，绝对不能告诉爸妈，因为他们会把她揍死的！

也是，要是小奈的爸妈知道女儿突然在外面欠下了一大笔债，肯定会暴跳如雷的。

可是我也很替小奈担心啊！她没有钱还给同学们，要是所有同学的爸妈最后都来找她讨债，那可怎么办呀！

一想到这个事，我连觉都睡不着了。阳光姐姐，不骗您，我昨天半夜两点钟才睡着。

您能不能给我们出出主意呢？希望您不会太头疼，我想，别人的麻烦一定不会比我的更严重了吧。唉，这种事怎么就给我遇上了！

头疼的依依

惜呆兔咪
圆桌会议
真是好复杂的大事件啊!
让我们理一下思路——依依的好朋友小奈随便找别人借钱，完全不考虑自己有没有实力还债，甚至不敢告诉家长。而且很显然，她根本没有用这笔钱去买小狗!

没错! 看她那躲闪的样子，就是心虚! 我十分了解这种反应，别问我为什么。
不问你也知道，你肯定也经常这样躲避拷问。

呵呵呵呵，不说我了! 话说这个小奈还真是厉害，1000元都能花掉啊! 那可是笔巨款啊!

哼，肯定是大手大脚乱花钱了，花的还是闺蜜好心借给她的全部家当呢！
唉，现在的关键问题还是怎么把钱还上呀！
这种拆了东墙补西墙的方法，肯定不行！得告诉小奈家长！
可是一旦告诉爸爸妈妈，肯定会被暴打的吧。好可怕！
这……真的好矛盾啊，还是问问阳光姐姐吧。

阳光姐姐的回信

首先希望你记住一件事——钱，不可以随便借。

我的意思是，既不要轻易向别人借钱，也不要轻易把钱借给别人。

你的闺蜜小奈想买小狗，父母却不给钱。我能理解这种心情，在我们小时候，经常遇到十分想要的东西，可是，唉，摸摸口袋没有钱！而掌握财政大权的爸爸妈妈就是不肯买！无奈和渴望交织在一起，甚至还会有那么一点儿小赌气，不是吗？

然而，1000 元，对于你们这样的小朋友来说，真的是一笔巨款呢。一旦借到手，要怎么偿还呢？我相信大家都是心知肚明的：没有爸爸妈妈的帮助，基本不可能还清。所以，请记住：不要让自己当“负债鬼”，花钱，一定要量力而行。

量力而行很容易做到，比如你身上只有 20 元钱，那么你只能买一本书，或者几份零食；如果你有 100 元，可以再将喜欢的精美文具、可爱的小玩意儿收入囊中；如果你有 1000 元，买几件自己看中的衣服都不是问题，甚至够买一些电子产品了。但如果你手头紧张、口袋空空，却想买自己不能支付的昂贵物品，那是要付出代价的。

小奈就犯下了如此错误，付出了代价。这代价是苦恼，也可能是父母知道真相后的责骂和暴打。我忍不住心疼她，可是我也要告诉她，犯了错，就要承担后果。

大家都希望自己犯了大错也可以逃避惩罚吧，但是很抱歉，世界上没有这种好事。

从另一个角度说，养小狗也并不是那么简单的事情。买一只小狗，把它带回家也许只是一念之间，可是带回家后，你需要花很多精力去照顾它的饮食，处理它的粪便，带它出门遛弯儿……养狗，是一个涉及全家人的决定。所以，小奈仅凭自己做主就想养一只小博美犬，也是很欠考虑的。

我更想对你，也想对所有孩子们说：在我们借钱给别人之前，一定要想清楚，对方这笔钱花得对不对？数额大不大？能不能及时还上？借钱本身是充满善意的好事，可是如果太过轻易和随便，就会惹来巨大的烦恼呢。

你的妈妈一定很担心，她害怕这不小的经济损失，也害怕你不能很好地管理自己的钱。当然，跟小朋友提理财，有点儿夸张，可是我确实希望你们都可以根据自己积蓄的多少，合理地购买自己喜欢的东西。

说到这里，相信大家都明白了：这件事，小奈错了就是错了，再向家长隐瞒下去，可能麻烦会像滚雪球一样越滚越大，所以必须跟爸妈坦白。就算遭到责备，也是她自作主张的后果，我们必须学会面对和承受。或许，这也可以给你和小奈一个教训，希望你们不会再犯同样的错误。

成长故事袋

有这么一对发小，一个叫老实人，一个叫机灵鬼。

机灵鬼最喜欢做的两件事，就是乱花钱和吹牛皮。他总是说自己做生意多么多么成功，未来是要赚大钱的人。

可是还没赚到大钱，机灵鬼就穷得口袋空空了。

老实人心好，就借了 1 万元给机灵鬼。机灵鬼满口答应他："等我赚大钱了，就马上还你！加倍还！"

可是真奇怪啊，自打借钱以后，老实人有一年多都见不到机灵鬼了。每次打电话找他，他都说自己在外地忙生意，还说，等到了年底，一定能赚上几百万，他一回来保证就把钱还上，而且要还老实人 2 万元，比当初借的数额翻一倍呢！老实人一听，乐呵呵地放心了。

有一天，老实人在街上走着走着，忽然看见一个熟悉的背影，咦，这不是机灵鬼吗？他赶快上前打招呼。

机灵鬼一看到他，顿时吓一跳："哎呀！大哥，真，真巧呀……你这是要去哪里？"

老实人说："去买点儿东西，对了，上次你说你回来就把钱还我，什么时候我去你家拿钱？"

机灵鬼一拍头："嗨，是这事呀！你放心好啦，咱俩是什么关系，我还能骗你不成？那个，是这样的……我跟一家大公司做生意，这家公司早就答应付款了，一付就是5万元，就差最后一道手续，我就能拿到钱啦！我今天就准备去领钱呢。"

老实人简直不敢相信："真的假的，这公司靠谱吗？"

机灵鬼拍拍胸脯："靠谱！这公司可大了，在哪都有他们的机构，信用嘛，那是没的说，你就算信不过我，也不能信不过人家大公司呀！你等一下啊……"

机灵鬼低头从包里掏出一个信封，又拿出一张小小的纸片放在信封里，最后拿出一支笔在信封上写了一行字，递给老实人："喏，大哥，你拿上这个，照这个地址找过去，到了地方，把纸片给他们，他们只要对上了纸片上的几个数字，就会拿钱给你啦！哎呀呀，我还有点儿急事，就辛苦你帮我跑一趟吧！拿到钱后，再多给你 5000 元都行！"

说完，机灵鬼就迅速拦下一辆出租车，坐上去便没影了。

老实人低头看了一眼信封，把里面的那张小纸片掏出来一瞧，是一张福利彩票。

这当然只是一个笑话，可是现实中的确有很多人和老实人一样，那笔借出去的钱，大概再也要不回来了。

借钱有时候是为了帮别人缓解"手头压力"，不过，如果对方本身就是不会理财的"问题户"，借出去的钱便可能给你徒增烦恼。

在这个问题上，美国曾经的总统亚伯拉罕·林肯倒是很有想法。他继母的儿子江斯顿在外面欠下了债，便写信向林肯借钱，林肯写了一封信，聪明地回复了他。林肯是这样写的——

亲爱的江斯顿：

你向我借 80 元钱还债。我觉得目前最好不要借给你。

所有的问题都源于你那浪费时间的恶习，改掉这种习惯对你来说很重要，对你的儿女则更为重要。因为，他们的人生之路还很长，在没有养成闲散的习惯之前，尚可加以制止。我建议你去工作，去找个雇人的老板，为他“卖力地”工作。为了使你的劳动获得好的酬金，我现在可以答应你，从今天起，只要你工作挣到1元钱或是偿还了1元钱的债，我就再给你1元钱。

这样的话，如果你每月挣10元钱，你可以从我这里再得到10元钱，那么你一个月就可赚20元钱。我也不是说让你到圣路易斯市或加利福尼亚州的铅矿、金矿去，而是让你在离家近的地方找个最挣钱的工作。

如果你愿意这样做，很快就能还清债务。更重要的是，你会养成不再欠债的好习惯。但如果我现在帮你还了债，明年你又会负债累累。照我说的做，保证你工作四五个月后就能挣到那80元钱。

你说，如果我借给你钱，你愿意把田产抵押给我，若是将来还不清钱，田地就归我所有。胡说八道！假如你现在有田地都无法生存，将来没有了田地又怎么能存活呢？你一向对我很好，我现在也不是对你无情无义，如果你肯采纳我的建议，你会发现，对你来说，这比 8 个 80 元钱还值！

挚爱你的哥哥：亚伯拉罕·林肯

林肯清楚地知道，一味地提供钱给弟弟，是不能解决根本问题的。弟弟江斯顿之所以负债，是因为他游手好闲，不勤奋工作。所以，要想让弟弟脱离经济困境，最好的办法是帮他养成赚钱的能力。

那么你呢，你会不会成为负债的那一个？还是会像老实人那样好心借钱，抑或是做个像林肯那样的聪明人？

成长箴言笔记本

在“负债”的背后，往往藏着更深的问题。清楚地看到这些真实的病根，比直接拿出钱去救济别人更重要。

与其到头来收拾残局，甚至做成蚀本生意，倒不如当时理智克制一些。

——李嘉诚

如果一点儿钱也没有，生活不会快乐；如果有很多钱，也不一定会很快乐。钱是一个必要条件，而不是一个充分条件。

——曾子墨

不进行研究的投资，就像打扑克从不看牌一样，必然失败！

——［美］彼得·林奇

心·灵加油站

测一测你把钱看得有多重要。

1. 你去吃自助餐，当服务生端着果汁给你，而托盘里的杯子有着不同分量的果汁，你会选择哪一杯？（ ）

A. 空杯，正准备要倒入

B. 半杯

C. 七分满

D. 全满

2. 假设你驾着一辆轿车正要进入隧道，当过完隧道后，你觉得会是什么风景呢？（ ）

A. 小村庄

B. 山

C. 又一个隧道

D. 海边

E. 枫树林

结果分析

1. 选择 A：你是一个对金钱欲望非常强的人，但是你却常常搞不清楚你到底有多少钱，所以你是一个很会赚钱的穷人。

选择 B：你是一个做事非常谨慎的人，所以对金钱的处理也是同样的谨慎，因此你是一个对金钱欲望不强的人。

选择 C：你是一个凡事都会留后路的人，自制力很强，且不会轻易进行危险的金钱交易，所以你是一个对金钱欲望强烈也善于支配的人。

选择 D：你是一个非常贪婪的人，对于所有的东西都想尽收囊中，对金钱十分贪婪，欲望也极强。

2. 选择 A：你很朴素，很实在，知道如何使用钱，也懂得储蓄之道，不会随意花钱，对每一分钱的花用，都能够详加计划，但有时候会有点儿小气。

选择 B：你很会存钱，看起来好像是个不懂节俭的人，但常在不知不觉的情形下，存了很多钱，而且方法也很合理。

选择 C：你对钱很敏锐，理财投资的经验相当丰富，很擅长投资，认为与其一点一点地存，不如大量地投资，赚取更多的金钱。

选择 D：在你的观念里，认为钱是要用来花的，而不是用来存的，所以，你有多少钱就会花多少钱，而且稍微有点儿爱好虚荣，所以要特别注意，要改掉浪费的坏习惯。

选择 E：你是个很浪漫的人，生活态度也像梦般虚幻。对钱很不在意，常会丢钱包，借给别人的钱也常常会忘记。由于你浪漫的个性，所以不要等到急用时才存钱，要有计划地管理钱财，这样对你才会有帮助。

如何对待金钱，是一门很高深的学问，我们既要学会花钱，也要学会管理钱！

苦恼来信

顾煜晗的情书

我名叫阿惗，是一名六年级的小学生，之前我在班里过得很快活，我和四个关系要好的女生模仿“丸子军团”，成立了一个组合，叫“快乐女生”。其实我真的不太喜欢这个名字，阳光姐姐，你是不是也觉得这个名字有点儿俗呢？可是像起名字这种大事，向来就不是我能做主的，一切都要听顾煜晗的。为什么？因为她是这个组合的队长，而且还是我们班的班长！最重要的是，她呀，是我的死党，我总是要迁就她的一些小毛病。

我记得五年级时，每次下课，顾煜晗都会

找我来玩，我们两个会坐在一起交换自己的小秘密，偷偷聊一些班级里的八卦。记得有一天，顾煜晗突然神神秘秘地对我说："阿恷啊，我想让你帮我一个忙。"她说这话时脸红红的，完全没有了往日霸道小公主的气势。

"啊？！什么忙呀？快说快说！"我凑到她旁边，逼问道。

"我上周和杨梓仟吵架了，我想跟他道个歉——"顾煜晗地低着头，小声说。

"嗯……道了歉他一定会原谅你的，没关系的。"我诚心诚意地说。

"阿恷，我拜托你一件事情呗。"过了一会儿，顾煜晗在我耳边轻轻地说。

"你要干吗啊？"我问她。

"我写了一封道歉信，你能不能帮我把这个交给他啊？"顾煜晗从她的口袋里拿出一个信封。

委屈的邮递员

“你为什么不亲自交给他啊？”我接过她手中的信，问道。

“人家这不是不好意思嘛，况且我好歹还是班长呢！”顾煜晗两手抓住我的胳膊不停地晃，还可怜兮兮地看着我。

哈哈好吧，我果然还是同意了。

于是第二天，我早早来到学校，趁没人时悄悄地把顾煜晗的道歉信塞进了杨梓仟的桌洞里。等杨梓仟到校时，我和顾煜晗在一旁偷偷看他的反应：却见杨梓仟气定神闲地坐在座位上，一点都没有注意到桌洞里的信封。

顾煜晗着急地让我去提醒他。

“这不太好吧……”我有些犹豫。

“哎呀没有什么不好的！”顾煜晗二话不说就把我推到了杨梓仟桌前。

“你有事吗？”杨梓仟抬起头问我。

“呃……你看一下你的桌洞！”我扔下一句话，慌慌张张地就跑了。

后来？后来我才知道，那根本不是什么道歉信，而是一封“整蛊信”，里面画了一只胖胖的小肥猪，还写着“读信人是小猪猪”这样的话。杨梓仟理所应当地认为这封信是我的“杰作”，还将信交给了老师……当我灰头土脸地走出办公室时，顾煜晗竟然在一旁笑得上气不接下气，我生气地说她“太过分了”，没想到她竟然也生气，转身就走了！后来有好长一段时间，她都没有搭理我，还是我屁颠屁颠地去哄她，她才和我和好的。

你说，我这是何苦呢？

我是“便利贴女生”

再说我们升到了六年级吧，老师进行了一次“座位大洗牌”，我被调到了第三大组，而顾煜晗是第一大组的，我们俩的位置隔了好远好远。渐渐地，我发现顾煜晗下课不再找我玩了，而是去投奔“快乐女生”的其他成员了。

奇怪，每当我主动去找她时，她总会露出一副很嫌弃的神情。直到最后，连“快乐女生”的其他成员也开始疏远我。我不知道是不是顾煜晗在背后怂恿她们，但我觉得很伤心，每当听到她们在一起玩的欢声笑语时，我都觉得好孤单啊。

后来，我看了阳光姐姐写的《我是便利贴女生》，我认为顾煜晗就是把我当成了“有用时和颜悦色，无用时甩到一边”的便利贴！但我还是决定去主动缓和我们的关系，便找了一个机会，邀请她和我一起去书店玩。

“好啊。”顾煜晗在电话里答应了。

可等到了我们约定好的那天，我在书店门口足足等了她一个小时，也没看见她的人影。

“你怎么还不来啊？”打了好久的电话终于接通了，我有点儿不高兴地问她。

“不好意思啊，我不太认识去书店的路，要不你来我家找我吧！”顾煜晗大大咧咧地说，还没等我回答，她就挂断了电话。

怪了，我知道她家离书店特别近的，就隔着一条街，怎么会不认识呢？我只好又跑到她家去接她。

“你还真来了！”顾煜晗走下楼，笑着说，“我可是路痴啊。”

帮写作业

我撇了撇嘴。她跟我到书店里闲逛，我看到书架上阳光姐姐出的新书——《补习班的毕业狗》只剩下最后一本了，赶快冲过去，幸福地把那最后一本抱在怀里，我旁边的顾煜晗看到了，竟然一把从我怀里把书抢了过去。

“你干吗啊？这是最后一本了！”我焦急地去抢。

顾煜晗侧身一避，我扑了个空。

“你怎么这么小气啊，不就是一本书嘛，你还拿我当好朋友吗？”顾煜晗突然瞪了我一眼，还气呼呼地踢了我一脚。

“那好吧。”我只好妥协了。

“这才对嘛。”顾煜晗心满意足地说。

等我们一起去收银台交钱时，顾煜晗故意当着我的面，翻遍了全身的每一个口袋，然后对我说：“阿惗，我忘带钱了，你帮我付一下吧。”她的态度很强硬，我也就认了，掏出钱，替她买下了那本从我这儿抢走的书。

“走！咱们去喝点儿东西。”从书店里走出来，顾煜晗欢天喜地地对我说。

走进一家甜品店，顾煜晗自作主张地点了一堆甜品和冷饮。我摸了摸逐渐变瘪的钱包，心想：惨了，这个月的零花钱又没了。

“随便吃，别客气！”顾煜晗一边享用着甜品，一边对我招呼道，好像她才是请客的人一样。

我慢吞吞地吃着点心，心思却早已飞到九霄云外了。顾煜晗把手掌伸到我眼前晃了晃，当我回过神来时，她笑着说：“你现在闲着也是闲着，不如帮我写点儿作业吧！”说着，还真的从她的包包里拿出老师留的罚写作业，递给了我。

友情该继续吗

我其实想要拒绝她的，可是转念一想，毕竟顾煜晗是我的好朋友呀，于是就开始帮她写。呜呜……我自己的罚写作业都还没有写完呢！我在心里抱怨道。可是这些话是千万不能说出来的，否则顾煜晗一定会特别生气，然后再也不理我了。

我一边写一边听顾煜晗挑毛病：“阿愉，你写的这几个字不像我写的啊，我的字应该再小一点儿，亏我和你从小就是好朋友。”

我抬起头，哀怨地看了她一眼。只见她一手拿着提拉米苏，一手端着酸梅汁，吃吃喝喝，不亦乐乎，时不时地还催我几句。

我叹了口气，继续埋头奋笔疾书。一下午的时间就这么过去了。我把她的罚写作业写得工工整整，她看了，嘴都快咧到耳根了，但她却连一声谢谢都没说，把作业收好，擦擦嘴就走了。

然而我就惨啦，我急急忙忙地赶回家，补了一晚上作业，结果还是没有写完，第二天我顶着两个熊猫眼，被老师当众训了一顿。

“你怎么现在连作业都不写了！你看看班长顾煜晗的罚写作业，写得多么工整漂亮，你应该好好反思一下！作业重写！”老师对我十分严厉地说。

我心里多委屈啊！忽然，我听见讲台下传来笑声，我瞥了一眼，没想到是顾煜晗。她刚开始只是轻轻地笑，可当我俩的目光接触时，她居然笑得更放肆了！可我却太没用了，连说出真相的勇气都没有。

呜呜……阳光姐姐，你看看她，你说有她这么不讲理的人吗？她一直都以自我为中心，从来没有考虑过我的感受，我该怎么办啊？是继续去挽回我们的友情，还是翻掉这友谊的小船呢？

阿惗

惜呆兔咪
圆桌会议
好气，这叫什么朋友啊？
就是，好朋友怎么舍得这样欺负对方呢？

就是，虽然我有时候会叫阿呆死胖子，但是阿呆有困难，我肯定帮忙啊！我也不会像地主一样剥削阿呆。
为什么阿**惗**不赶快离开这个朋友啊？

因为好多人觉得一朝做朋友，就要一辈子做到底！
你说的那是好朋友，损友还是赶快绝交比较好呀。

阳光姐姐的回信

阿惗啊阿惗！你呀，真的是一块大大的便利贴呀，快接受这个事实吧！

不过，像你这样的朋友可真不少。很多“便利贴女生”纠结得要命，一边说“她只是把我当便利贴在用”，一边又说“可是她是我最好的朋友，我不能和她绝交”。

这样子的话，岂不是甘愿一直当便利贴了？

我想问你：是什么因素，让你认为一个人是你最要好的朋友？

好朋友难道不是性格相合，彼此尊重的吗？

煜晗对你做出的事，真的挺过分，甚至有点儿欺负你了。面对这样的欺负，你还觉得，这是一个好朋友吗？

我可以明确地告诉你，这不是好朋友该有的样子。也许有些人的性格是喜欢把自己当主角，但面对朋友，他们会有最起码的尊重，而不是把朋友当仆人使唤。

而如果你对煜晗一再忍让，她便学不会“尊重别人”这一课，她只会变本加厉，越来越自私、无理。

所以，有时候，你需要表明自己的态度。要知道，面对他人的不合理要求，你是有权利拒绝的！你更有权利表达自己的意见！

大家都不是富翁，出去吃东西，不如提议 AA 制吧，大家平摊费用。如果再有人要你帮他写作业，请你认真地板起面孔，告诉他：“我自己的作业都没写完，更何况，你自己完成作业不是应该的吗？不好意思，这个忙我不能帮。”

我们是要经常帮助朋友，不过这种帮助，并不等于无条件满足对方的所有要求。合理的朋友之间的帮助，是在对方真正困难时，伸出援手；是在对方行动时，为她加油打气，做坚定的支持者；是在对方失落时，给予陪伴和安慰……而且，这些都是双向的——你们彼此珍视对方，自然会甘愿互相为对方付出。

或许你该多问问自己：朋友应该是什么样的？

相信我，值得你交往的朋友，绝对不是拿你当工具用的人。要我说，你值得拥有更好的朋友。

所以，如果你不想再当便利贴，可不能寄希望于别人来帮你的忙。因为，真正能帮你的，是你自己。你内心想拒绝别人时，勇敢说出来。只要你守护值得守护的友谊的小船，我相信，你最后拥有的，一定是让你快乐的朋友。到那个时候，你不会觉得自己是便利贴，你会从友谊中获得该有的温馨。让所有的不讲理都离你远去吧。

成长故事袋

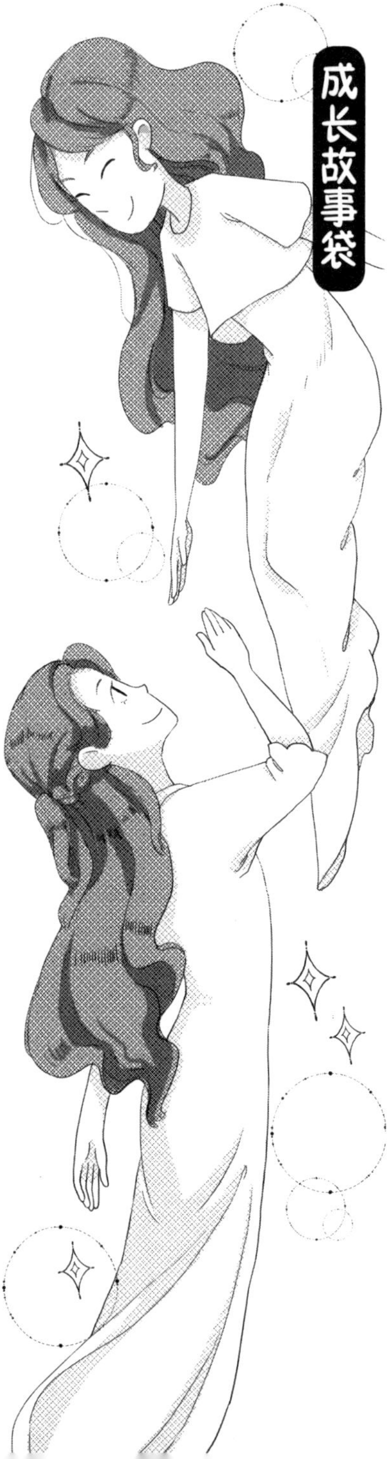

杨梅、张婷和唐笑是大学同学，但由于杨梅和张婷是在同一个宿舍住，所以杨梅一开始和张婷走得比较近。可是，走得近也不是一件好事，因为杨梅发现张婷对她的态度，似乎只是为了找一个好看的陪衬品。

唐笑来找杨梅出去玩的时候，张婷会故意以各种借口阻拦杨梅出去，理由就是："我不想你和唐笑玩，你有我一个朋友就够了。"

杨梅哭笑不得，但是也懒得解释。

可是，接下来，杨梅却觉得越发受不了张婷了，因为她觉得张婷完全没有把她当作朋友。

出去玩的时候，如果遇到张婷的朋友，张婷就会故意疏远杨梅。当她的朋友想要认识杨梅的时候，她就会故意说："杨梅这个人挺高冷的，你们还是别自讨没趣了。”

这样的事情多了，杨梅心里也越来越不舒服，而让这“虚假友谊”破裂的事件，就是学校举行的一场化装舞会。杨梅那天晚上要去当主持人，礼服是她特意借来，为当主持人准备的。然而当天杨梅回到宿舍，却发现礼服不翼而飞，打电话给张婷的时候，张婷不耐烦地说：“不就是一件礼服吗？借我穿一下都不行，真是小气！”

杨梅气得直接在电话里大喊大叫了起来，她说：“张婷，你从来没有尊重过我，没有当过我是朋友，你是把我当成你可有可无的背景板，衬托你的存在对不对？”

张婷没理她，直接把电话挂上了。

积压已久的情绪一下子就爆发出来了，杨梅坐在地板上号啕大哭。恰好唐笑来找她一起前往化装舞会现场，杨梅就一股脑儿地把自己的委屈说了出来，唐笑沉默着听她倾诉完，然后说：“搬来我宿舍住吧。”

后来，杨梅搬到了唐笑的宿舍里，也和张婷渐渐地断开了联系，但偶尔还是会听到张婷在背后对别人说她的坏话，每次唐笑都安慰她说：“听听就好了，没必要较真。”

毕业后，由于杨梅和唐笑的身高和外形条件出色，她们的老师将她们推荐到了一家顶尖的模特公司去当模特。

众所周知，模特圈是一个万里挑一的残酷职场，你不仅要有自己的特色，还要有机遇，所以不是每个模特都能站在台上走秀，也不是每个站上台的模特都能红起来。

杨梅和唐笑两人的外形都长得非常有特色，模特公司也打算将她们打造成新一代的超模。但是，想要成为超模，这过程是艰苦的，她们不仅要每日模仿走秀七八个小时，还要进行体能和形体训练，最重要的是，要经常跟着经纪人跑各种时装秀，寻找机会亮相。

她们的经纪人说："机会都是要自己争取来的，每一个超模都是从小模一步步走上来，别看别人台上光鲜亮丽，台下都有着不为人知的艰苦练习，脚上磨出血泡那是常有的事，所以我希望你们能坚持下去。"

杨梅和唐笑都打定主意，要一起坚持做到最好。从此，两人每天天还没亮就互相叫对方起床。杨梅的训练不如意的时候，唐笑就会耐着性子陪着她、指导她。

有高端秀场的负责人来挑人，挑中杨梅的时候，杨梅想要把唐笑也叫上一起去，否则自己也不想去了。经纪人骂杨梅死心眼，她说：“你以为这次的机会很容易得到吗？多少人挤破头都想要走这一场秀，你在耍什么孩子脾气，把自己的前途这样来挥霍，友情也不是这样来表达的啊！”

杨梅听了沉默不语。唐笑知道这事情后，对杨梅说：“杨梅，你有这个实力去走这场秀，你不应该为了顾及我，而放弃这个千载难逢的机会，而且，我也在等待属于我的机会，所以，你放心去走秀吧，把自己最有魅力的一面亮出来！”

听了唐笑的话，杨梅去走了这场秀，也就是这一场秀，让杨梅一炮而红。杨梅红起来后，身边多了很多朋友，但是每次有什么秀，她还是会和秀场方提出建议：“唐笑是一个比我还优秀的模特，她的台风很独特，如果你们肯用她，一定会给你们带来惊喜的。”

一次又一次的推荐，杨梅终于帮着唐笑走上了超模的秀台，在模特圈里，大家都说她们是难得的秀台姐妹花。

可是，在一次意外中，杨梅不小心从秀台上摔了下去，小腿摔骨折了。伤筋动骨一百天，一百天对于模特来说是什么概念？那相当于是要被抛弃掉的黄花了。在模特这个圈子里，你不行，马上就会有后来者把你替换掉，毫无情面可言。

杨梅在家里养伤，之前接的各种时装秀通告，都纷纷被其他人替代。而和她相反的是，唐笑在圈里那是风风火火，甚至还得到了去拍电视剧的机会。

杨梅经常在报纸和时尚杂志，甚至电视上看到唐笑，心里有些落寞。她受伤这么久以来，唐笑除了经常给她打电话，问候她的腿伤外，就没有再和她提过模特圈的事情，她认为唐笑是已经看不上她这个朋友了。

等到杨梅腿伤好了后，她准备换个工作，这时，唐笑打电话告诉她："伤好了就回来吧，和我一起走一场秀。"

回去后，杨梅从经纪人的口中得知，原来在她受伤期间，唐笑担心和她说圈子里的事情，会影响她养伤，所以从来不在她面前提工作，但是她自己每次接受走秀的任务时，都会附带上一个条件："如果想要我走秀，可以，我希望带上杨梅。"

很多广告商和时装秀负责人需要唐笑的名气和超模的

光环，所以答应了唐笑的要求。

杨梅知道这事情后，感动地哭了起来，她说："真感谢我这辈子能认识你这个朋友。"

唐笑也抱着杨梅说："在我困难的时候，是你一直不放弃我，不抛弃我，使劲将我推上台，在你有困难的时候，我又怎能袖手旁观呢？"

有句老话：最好的友情，不是天长地久的陪伴，而是我时时刻刻念着你好不好，在你遇到困难的时候就马上想要去帮你。

成长箴言笔记本

好的朋友让你快乐，让你感觉你们是住在两个身体里的同一个灵魂。要想得到这样的朋友，需要你自己用心甄选。

君子和而不同，小人同而不和。

——《论语》

在紧急时舍弃你的朋友不可信赖。

——［古希腊］伊索

亲戚是不可选择的，而朋友却可以。

——［法］鲁热·德·利尔

不要没有朋友，也不要有过多的朋友。

——［古希腊］亚里士多德

心灵加油站

测一测你是不是一个心软的人。

1. 看到一些特别悲伤的情景时，你会（　）

A. 情不自禁地流泪

B. 强忍着泪水

C. 没有太多特别的感觉

2. 朋友邀你出去玩，可你并不愿意，你最有可能（　）

A. 碍于情面，去露个脸

B. 如果朋友不断邀请就去

C. 不管朋友说什么都不去

3. 如果你在路边看到一个号啕大哭的孩子，周围又没有其他人，你会（　）

A. 走上前安慰他

B. 询问他看自己能不能帮上忙

C. 带他到警察局

结果分析 选项 A、B、C 分别对应 2 分、1 分、0 分。

0 分或 1 分，你很容易心软，对朋友提出的要求没法拒绝。所以要学会辨别。

2 分至 4 分，你不太容易心软，但还是会碍于情面做一些自己不愿意的事情。

5 分或 6 分，你是个很有自己想法的人，遇到事情也很冷静。

朋友有好有坏，我们切不能一味心软，要学会舍弃不好的朋友！